초등교사의 그림책 놀이 수업으로 아이들이 변했어요

그림책 놀이수업으로
부리는 마법

김혜림 지음

수업마다 질문! 총 300여개 질문 수록

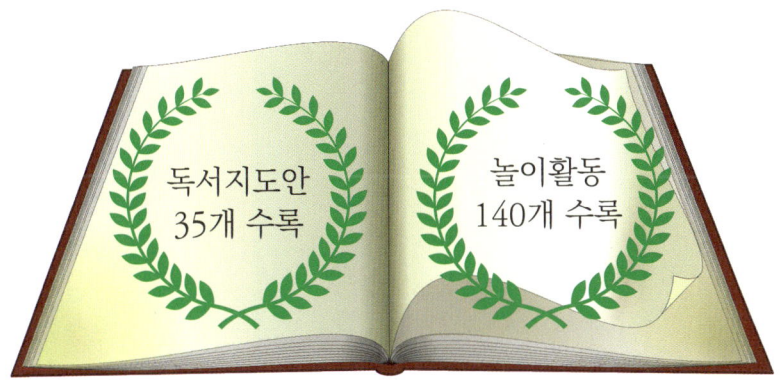

독서지도안 35개 수록

놀이활동 140개 수록

율도국

그림책 놀이수업으로 부리는 마법

초판발행 2022년 7월 10일

지 은 이 김혜림

발 행 인 김홍열

발 행 처 율도국

디 자 인 김예나

영　　업 윤덕순

주　　소 서울특별시 도봉구 시루봉로 286 (도봉동 3층)

출판등록 2008년 7월 31일

홈페이지 http://www.uldo.co.kr

이 메 일 uldokim@hanmail.net

ISBN 979-11-87911-91-3 (13370)

※ 이 책은 저작권법에 의하여 보호를 받는 저작물이므로 무단 전재와 복제를 금합니다.

목차

추천사 / 장윤희 (충주 대소원초 교사) · 7
추천사 / 홍주미 (작가) · 9
프롤로그_첫 만남의 설레임? · 11

PART I

1. 첫 만남 프로젝트

선생님이 받은 숙제 · 16
나대호 어머님을 만나다 · 18

아이는 아이일 뿐이다 『너는 특별하단다』 · 22
화가 날 땐 행감바 『소피가 화나면, 정말 정말 화나면』 · 28
함께 만드는 규칙 『우리는 친구』 · 34
감정 출석부가 필요해요 『오늘 내 기분은…』 · 41
나는 어떤 존재? 『나는 누구일까?』 · 47
틀린 생각은 없어 『틀려도 괜찮아』 · 53

2. 교과 공부도 그림책으로

미술수업『김홍도』· 59
그림책으로 읽는 위인전『스티븐 호킹』· 66
역사도 그림책이다『첫 나라 고조선』· 71
별자리에 얽힌 옛이야기『북두칠성이 된 일곱 쌍둥이』· 76
나도 작가『산책』· 81
인권 교육『사라, 버스를 타다』· 87

PART II

1. 그림책으로 행복한 가족

책 읽어 주기 · 94
부모님 어릴 적 이야기 듣기『우리 할아버지가 꼭 나만 했을 때』· 96
추억 만들기『아빠의 손』· 103
자장가 불러드리기『언제까지나 너를 사랑해』· 108
사랑의 쿠폰『심부름 다녀왔습니다』· 114
나도 요리사『아주 특별한 요리책』· 119

2. 그림책을 통한 마음나누기

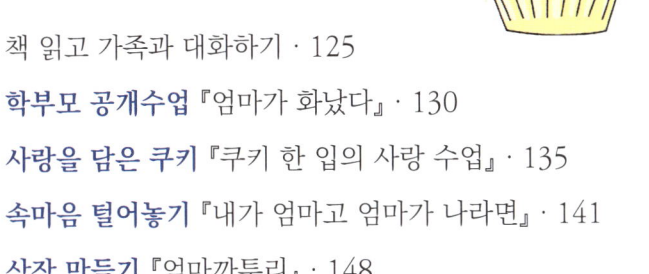

책 읽고 가족과 대화하기 · 125
학부모 공개수업『엄마가 화났다』· 130
사랑을 담은 쿠키『쿠키 한 입의 사랑 수업』· 135
속마음 털어놓기『내가 엄마고 엄마가 나라면』· 141
상장 만들기『엄마까투리』· 148
책 속 주인공의 친구가 되다『큰 나무가 된 지팡이』· 156

PART Ⅲ

1. 그림책으로 학교 적응

책 수다『헤엄이』· 164
한솥밥 먹기『개구리네 한솥밥』· 169
릴레이 질문하기『왜냐면…』· 178
꽃과 나무와 대화히기『알사탕』· 185
나만의 비법소개『축구 선수 윌리』· 191
칭찬릴레이『에드와르도 세상에서 가장 못된 아이』· 196

2. 재미있는 책 놀이

책을 맛 봐요『딱지 딱지 내 딱지』· 201
책의 달콤함『떡보먹보 호랑이』· 207
실팽이 돌리기『윙윙 실팽이가 돌아가면』· 213
걱정인형 만들기『겁쟁이 빌리』· 220
상상놀이『파란 의자』· 226
알뜰시장 놀이『빨간 줄무늬 바지』· 231
실뜨기『이상한 할머니』· 238

에필로그_독서교육은 마법이다 · 244

 # 추천사

장윤희
충주 대소원초 교사

　김혜림 선생님은 아이들을 향한 진심과 뜨거운 열정, 그리고 실천력이 돋보여 가녀린 모습 보다 마음의 큰 그릇이 먼저 보이는 선생님입니다. 그래서 같은 나이여도 늘 의지하고 막힘이 있을 때 도움을 구하게 되는 든든한 동료이고, 많은 사람 중에 있어도 눈이 먼저 향하게 되는 내 짝꿍 선생님이기도 합니다.

　김혜림 선생님과는 한 학교에 근무하면서 뜻이 맞아 책 모임을 함께 했습니다. 퇴근 후에 모여 책 이야기, 삶 이야기를 나누며 덕분에 제 배움도 깊어졌지요.

　선생님이 아이들과 그림책으로 소통하며 함께 했던 1년의 이야기를 담았다고 하셨을 때, 그 마법의 1년을 가까이서 지켜봤던지라 더욱 반가웠습니다. 수업 속에서, 생활 속에서, 하루의 만남 속에서 아이들이 책과 친근하게 다가갈 수 있도록 선생님께서 실천하셨던 삶의 한 조각을 나누게 되신 것은 정말 반갑고 고마운 소식이었습니다.

아이들에게 책에 빠져드는 삶을 선물하고 싶다는 선생님은, 그림책 선택에도 많은 고민을 하셨습니다. 선생님과 함께한 아이들은 그림책이 어린아이들만 보는 책이 아니라 그림과 글 속에 더 많은 이야기를 담고 있다는 것을 느낄 수 있도록 하셨지요.

그림책 꼭지마다 아이들과 나누고 싶은 이야기를 의미 있게 천천히 스며들도록 애쓰신 흔적이 책 곳곳에서 보입니다. 아이들의 삶이 책과 이어지도록 그 연결고리를 잘 찾아주셨고, 그 속에서 함께하는 아이들이 변화되는 모습이 보입니다.

독서교육이 아이들의 생각과 마음이 자라는 데 꼭 필요하다는 데는 동의를 해도 그 신념을 그대로 실천하는 것은 어렵습니다. 이 책은 김혜림 선생님처럼 그 신념을 실천하기를 바라는 선생님에게 도움을 주는 또 다른 마법이 되리라 생각합니다.

 # 추천사

홍주미

〈마흔의 사춘기〉, 〈사춘기 내 딸 사용 설명서〉 저자

책 속에 한 장의 사진에서 깔깔깔 웃음소리가 밀려 나옵니다.

초등학교 운동장, 아이들이 땅바닥에 제 키보다 훌쩍 큰 그림을 그리고 있습니다.

자연스레 이런 생각이 들었습니다.

'사진을 보는 것만으로도 미소가 지어지는데, 아이들은 이 순간 얼마나 행복할까?'

이 사진은 『김홍도』라는 책을 읽은 후, 미술 수업 장면입니다.

저자는 20년 경력의 초등학교 교사입니다.

책을 읽어주기 전, 아이들에게 책 표지와 제목을 보여 주었습니다. 어떤 내용일지 자유롭게 말하도록 했습니다.

이 과정에서 상상력, 창의력, 표현력 등이 쑥쑥 성장했을 것입니다.

무엇보다 중요한 것은 아이들의 생각과 느낌을 있는 그대로 존중하는 저자의 따스함입니다.

책을 다 읽은 후 감정 출석부, 부모님과 요리하기, 가족의 장점 10가

지 말하기 등을 실천했습니다. 이보다 더 설레고 흥미진진한 학교 교육이 있을까? 싶습니다.

책을 읽어 내려가면서 가슴 뭉클한 감동과 유머를 만났습니다.
한 예로 비발디의 대표적인 곡 '사계'를 듣고 한 아이가 물었습니다.
"사게? 뭘 산다는 거예요?" 절로 웃음이 났습니다.
사계절의 '사계'를 물건을 '사게'로 이해한 것입니다.

이 책은 오이반 아이들이 1년 동안 그림책을 통해 마법처럼 성장한 이야기를 담은 책입니다.

프롤로그_첫 만남의 설레임?

  3월 첫 주는 늘 설렌다. 아니, 2월부터 설렌다. 1년 학급살이를 함께 할 아이들과의 만남이 있기 때문이다.
  올해는 어떤 아이들과 함께 생활할까? 또 어떤 일들로 웃고 울게 될까? 함께하는 1년 이후에도 계속해서 성장할 수 있으려면 또 어떤 책을 찾아보고 준비해야 할까?
  언제나 고민과 설레임으로 1년 학급살이를 시작한다.

  오늘은 1년 학급살이를 시작하는 첫 날이다. 보통 이 날은 첫 만남의 설레임으로 밤에 자는 둥 마는 둥 잠을 설친다.
  평소보다 일찍 일어나서 꽃단장(?)을 한다. 연애할 때처럼 어떤 옷이 예쁠까 고르고, 평소 잘 하지도 않는 화장도 정성을 들인다. 아이들과의 첫 만남이니 최대한 예쁘게 보이고 싶다. 교직경력 20년차가 되었는데도 아이들과 처음 만나는 날 아침은 늘 이렇게 설레고 분주하다.
  5학년 2반. 올해 내가 맡게 된 반이다.
  교실에 들어가니 아이들도 선생님과의 첫 만남이 긴장되는지 대부분 조용히 앉아 있다. 궁금할 테다. 어떤 선생님일까? 무서운 선생님일까? 재밌는 선생님일까? 예쁜 선생님일까? 잘 생긴 선생님일까? 일단 표정들은 나쁘지 않다. 칠판에 쓰윽 쓰윽 이름을 쓴다.
  '김. 혜. 림'

"안녕하세요! 반가워요~~. 전 올 한 해 동안 여러분과 함께 행복한 1년을 보낼 준비가 된 김혜림이에요. 1년 동안 우리 즐겁게 잘 지내봐요~. 먼저 선생님 소개부터 할게요. 제 소개를 어떻게 할까 고민하다가 이름으로 3행시를 지어봤어요. 여러분들이 운을 띄워줄래요?"
"김"
"김치 없인 못 살아 정말 못 살아."
'김치 주제가'의 일부분을 불렀다.
"혜"
"혜림이에요. 슬기로운 사람이 되기 위해 책을 사랑해왔어요. 저의"
"림"
"임무는 잘 기다려 주는 것이라고 생각해요. 여러분 모두 각자의 속도에 맞춰 성장할 수 있도록 기다려줄게요."
"선생님, 저희들도 자기 이름 3행시로 소개 하면 좋겠어요."
"우와~ 선생님도 그렇게 생각했는데~. 선생님도 여러분들의 이름 3행시를 듣고 싶었어요. 일단, 생각할 시간이 필요하겠죠? 공책에 써도 좋고, 그냥 말해도 좋아요. 5분 후에 앉아 있는 순서대로 소개하도록 해봐요~."
"선생님, 저는 지금 바로 할 수 있어요."
"그럼, 지금 발표해 보세요. 먼저 이름을 말해 주면 나머지 친구들과 운을 띄워 줄게요."
"저는 나대호입니다."
"나"
"나는 내 맘대로 살고 싶습니다."

"대"
"대충대충 마음 내키는 대로 살고 싶습니다."
"호"
"호호, 하하~ 노는 것을 좋아합니다. 노는 게 제일 좋아~"
대호는 '노는 게 제일 좋아' 부분을 뽀로로 노래를 부르면서 앉았다. 아이들 모두 웃음을 터트렸다.
대호와의 첫 만남은 그렇게 시작이 되었다.
'나대호'라는 이름처럼 선생님의 말을 따르기보다는 자기가 하고 싶은 대로 할 것 같은 아이. 초등학생이라면 선생님 말을 모두 잘 따를 것 같지만 의외로 대호와 같은 아이들이 많다. 아무 이유없이 반항을 하고 자기가 하고 싶은 대로만 하는 아이들이 수업의 흐름을 자주 끊는다. 또한, 친구들에게도 함부로 대하는 경향이 있어서 다투는 일이 잦다.
이런 아이들의 마음을 열게 하고 좋은 방향으로 성장할 수 있도록 돕는 것이 나의 가장 중요한 역할 중 하나라고 생각한다. 다양한 우여곡절을 겪게 되겠지만 1년 동안 그림책을 통해 긍정적으로 변화될 대호와 아이들의 모습이 기대되고 설렌다.

새 학년이 되면 아이들과 부모님도 새로운 선생님에 대한 걱정과 설렘을 가진다. 어찌 보면 아이들보다 부모들이 더 긴장하시는 것 같다.
'우리 아이 선생님께서 우리 아이의 장점을 알아봐 주실까?'
'우리 아이가 많이 성장할 수 있도록 도와주실까?'
'아이와 선생님의 코드가 잘 맞을까?'

'아이가 선생님을 좋아할까?'

'인성교육은 잘 해 주실까?'

'다양한 교육 혜택을 받을 수 있는 특색있는 교육 활동을 해 주실까?'

'아이들이 책을 좋아할 수 있게 교육해 주실까?'

'다양한 독서교육 활동을 해 주실까?'

'아이들이 학교 가는 것을 즐거워할 수 있도록 학급 운영을 잘 해 주실까?' 등 많은 걱정과 기대를 하신다.

 부모님들이 하시는 이런 걱정과 기대는 그림책을 활용한 독서교육만으로도 많이 해결될 수 있다.

 이 책에는 대호와 학급 아이들의 그림책을 활용한 다양한 교육 활동 이야기들이 실려 있다.

 새 학년 새 학급이 된 첫 주부터 그림책을 활용한 첫 만남 프로젝트를 진행한 이야기, 교과 수업에 그림책을 활용한 이야기, 그림책으로 가족이 더욱 가까워지고 서로의 마음을 나누는 이야기, 친구들과의 원만한 관계 형성 및 공감 능력 향상을 위해 그림책을 활용한 이야기, 재미있는 책 놀이로 즐거운 학급 분위기를 만들어 가는 이야기가 모두 실려 있다.

 책 읽는 것을 싫어한다고 말했던 대호가 그림책을 활용한 다양한 독서교육으로 어떻게 친구들과 엄마와의 관계가 좋아지고 그렇게 싫어하던 책을 좋아하게 되는지 그 이야기 속으로 들어가 보자.

PART I

1. 첫 만남 프로젝트
2. 교과 공부도 그림책으로

1. 첫 만남 프로젝트

선생님이 받은 숙제

선생님들마다 각자의 교육철학이 있고, 그 교육철학을 담아 학급을 운영한다. 나는 인공지능으로 대체 가능한 지식을 쌓기 위한 교육보다는 스스로 생각하고 옳은 판단을 내릴 수 있는 능력을 길러주기 위한 교육을 하고 싶다. 그래서 신규 교사 때부터 20년차가 되는 지금까지 꾸준히 독서교육을 해 오고 있다.

학급 아이들과 만나는 첫 주에는 내가 중요하게 생각하는 교육, 어떠한 반이 되었으면 하는 것 등 학급 운영의 큰 틀을 아이들에게 설명해 준다.

"5학년 2반, 우리 반 아이들 모두가 생각하는 사람으로 자랐으면 좋겠어요."

"5학년 2반! 오이반인가?"

나의 교육 방향을 설명하려고 하자마자 한 아이가 내 말을 끊고 혼잣말하듯 큰 소리로 말했다.

"하하, 오이반이래~ 아삭아삭한 오이"

그 아이의 말이 재미있다는 듯 웃으며 누군가 또 이렇게 덧붙였다.

"오이 같은 내 얼굴, 길~기도 하구나. 눈도 길쭉, 귀도 길쭉, 코도 길쭉 길쭉"

그 아이와 주변 친구들 몇 명이서 노래까지 부르기 시작했다. 지금까지 학급 운영을 하면서 이런 아이들을 많이 만났다. 이런 아이들은 무조건 못하게 하면 오히려 더 하게 된다.

"오이반, 참 좋은데 앞으로 우리 반을 오이반으로 부를까요?"

"좋아요"

다른 아이들도 오이반이 좋다고 하니 장난삼아 말했던 그 아이가 약간 머쓱해하는 표정이다.

"아까 선생님이 하려고 했던 말을 다시 할게요. 선생님은 우리 반 아이들 모두가 생각하는 사람으로 자랐으면 좋겠어요. 스스로 생각할 줄 알아야 문제를 스스로 해결할 수 있고, 어떤 상황에서든 옳은 판단을 하고 올바른 선택을 할 수 있어요. 그래서 선생님은 책을 꾸준히 읽고 있고, 우리 오이반 여러분들도 모두 책과 친해졌으면 좋겠어요."

"칫, 또 책이야."

그 아이가 또 불쑥 끼어들었다.

"대호는 책을 안 좋아하나봐요?"

"예, 저는 책이 싫어요. 지루하고 재미없어요. 재미있는 것이 얼마나 많은데 책을 왜 읽어요."

"그럼, 대호는 뭐가 재미있어요?"

"게임하고 축구요"

"혹시 대호가 책과 관련된 안 좋은 기억이 있나요?"

"몰라요. 전 엄마가 책 읽으라고 하면 너무 싫어요. 책 읽는 게 너무 지루하고 좀이 쑤셔요."

대호의 대답을 듣는 순간 1년동안 내가 해야 할 숙제를 받은 것 같았다. 책과 친해질 수 있도록 하는 숙제. 대호와 같은 생각을 가진 아이들에게도 책에 빠져드는 삶을 선물하고 싶다.

나대호 어머님을 만나다

3월 셋째 주다. 학부모 상담이 있는 주간이다.

5학년쯤 되면 학부모 방문 상담을 신청하시는 분이 별로 없다. 대부분 전화 상담을 신청하신다.

방문 상담 신청자 명단을 작성해 보니 나대호 어머님이 있었다. 나대호에 대해 알고 싶은 것들이 있는데 마침 방문 상담을 신청해 주셔서 반가웠다. 전화 상담으로는 아무래도 자세한 이야기를 나누기 힘들기 때문이다.

나대호 어머님께서 상담을 신청한 날이 바로 오늘이다.

아이들을 하교 시키고 교실에서 업무를 보고 있는데 또각또각 구두 소리가 들린다.

'현관에 내빈용 실내화가 있는데, 어떤 학부모인지 안 신고 그냥 올라 오셨나보네'라고 생각하는 순간 교실 앞문이 스르르 열린다.

"선생님, 안녕하세요? 나대호 엄마입니다."

"아~네 대호 어머님. 여기 앉으세요."

대호 어머님과 마주 앉았다.

"우리 대호 자리는 어디인가요? 책상을 한 번 보고 싶은데…"

"어머님께서 앉아 계신 곳이 대호 자리입니다."

내 말이 끝나자마자 대호 어머님은 책상 서랍을 살피기 시작했다.

"뭐야, 정리가 하나도 안 되었잖아. 선생님, 이런 아이들은 혼을 좀 내 주세요."

"내일 정리하라고 잘 말하겠습니다. 3월에 하는 학부모 상담에선 제가 해 드릴 이야기보다는 어머님께서 저에게 해 주실 이야기가 많을 것 같아요. 어머님 보시기에 대호가 뭘 잘 하나요?"

"우리 대호가 절 닮아서 운동은 잘 해요. 제가 어렸을 때 육상 선수였거든요. 대호도 절 닮아서 달리기도 잘하고, 축구도 잘해요. 운동신경이 있어서 그런지 운동은 뭐든 빨리 배우더라구요."

이야기 하시는 나대호 어머님 얼굴에 화색이 돌았다.

"대호가 운동을 잘 하는군요. 대호가 가장 좋아하는 것이 운동이겠네요?"

"아휴~ 안 그래도 그것 때문에 걱정이에요. 공부도 안 하고 맨날 축구 하러 나가겠다 하고. 하도 졸라서 축구 클럽에 넣어주긴 했는데, 도통 공부를 안 하네요"

"다른 학원도 다니나요?"

"전과목 봐 주는 학원이랑 영어 학원을 보내고 있어요. 학원비가 얼마나 비싼지. 아이 성적은 제자리이니 원~그렇다고 안 보낼 수도 없고. 논술 학원도 보냈었는데, 한 6개월 잘 다니더니 작년 말에 안 가겠다고 울고 불고 난리를 피워서…"

"학원을 꽤 많이 다니네요. 논술 학원은 왜 그렇게 가기 싫어했을까요?"

"놀고 싶어서 그렇죠! 주변에서 다들 논술 학원을 보내더라구요. 논술 학원에 가면 책도 읽고 글쓰기도 해서 좋다고들 하더라구요. 맨날 들고 뛰는 대호도 좀 얌전히 앉아서 책도 읽고 글쓰기도 할 줄 알고 보냈어요. 논술 학원이 책 안 읽는 아이도 책 잘 읽게 해 주는 것 아닙니까? 이거 속상해서 원~ 아이가 재미없다고 하면 어떻게 해서든 재미있게 해서 책을 읽혀야 되는 거 아닙니까?"

"논술 학원에서는 어떤 책들을 읽었나요?"

"오즈의 마법사, 공주와 고블린 같은 세계 명작동화책, 인권 관련 책, 철학 관련 책 등이요. 5학년쯤 되면 동화책만 읽으면 안 되고 다양한 책들을 읽혀야 된다고 하더라구요. 그 학원이 워낙 인기가 많아서 어렵게 들여 보냈어요. 하루는 대호가 책을 하도 안 읽길래 책 좀 읽으라고 했더니 무슨 말인지 하나도 몰라서 못 읽겠다고 소리를 빽 지르더라구요."

말씀을 하시면서도 화가 나시는지 목소리 톤이 높아지셨다.

"논술 학원 책이 대호에게 어려웠을 것 같네요. 논술 학원 다니기 전에는 대호가 책을 좋아했나요?"

"대호가 한글을 떼기 전까지는 제가 책을 꽤 많이 읽어 주었거든요. 그 때는 잘 들었어요. 재미있는 책은 몇 번이나 다시 읽어 달라고 해서 제가 목이 다 아팠어요. 한글을 떼고 나서부터는 혼자 읽게 했죠. 한글을 혼자 읽을 수 있는데 제가 읽어줄 필요가 없잖아요. 그 때부터는 책과 점점 멀어졌던 것 같아요. 책을 읽으라고 하면 만화책만 읽어요."

이 말씀을 하시며 대호 어머님은 길게 한숨을 쉬셨다.

"어머님, 첫날 대호가 자기는 책이 싫다고 이야기하더라구요. 어머님 말씀을 들어보니 대호가 어렵고 지루한 책을 읽으면서 책을 거부하게 된 것 같네요. 사실 한글을 떼었어도 아이에게 책을 읽어주면 좋아요. 혼자 읽어서 이해 못하는 것도 읽어주면 이해하는 것들이 꽤 많거든요."

"대호가 그렇게 말했어요? 작년 담임 선생님께서도 아침에 책 읽을 시간을 따로 줬던 것 같은데…"

"어머님, 대호가 책을 잘 읽었으면 좋겠죠? 저도 마찬가지예요. 제가 올해 아이들과 함께 책을 많이 읽을거예요. 조금씩 천천히 책과 친해질 수 있도록 해 볼게요. 집에서도 어머님께서 대호에게 책을 읽어 주시면 좋아요. 그럴 시간이 없으시면 대호가 만화책이라도 읽게 해 주세요. 요즘 학습 만화책도 너무 잘 나와 있거든요. 만화책 읽는다고 혼내시지 마시고 만화책을 읽고 있어도 잘 한다고 머리 한 번 쓰다듬어 주세요."

"만화책 읽어도 괜찮나요?"

"네, 만화책도 괜찮아요. 학습 만화책도 너무 잘 나와 있고, 오히려 이해하기 어려운 내용은 만화로 된 책을 읽으면 많은 도움이 되요. 만화책으로 책과 친해지면 다른 책들도 잘 읽게 될 거예요."

"아~ 그래요! 그럼 학습 만화책을 사 줘야겠네요. 선생님, 우리 대호가 개구지긴 해도 칭찬해 주는 거 너무 좋아해요. 우리 대호 잘 부탁드릴게요."

모든 부모들은 자신의 아이가 공부를 잘 하길 바란다. 더 뛰어나길 바란다. 책이 좋은 줄도 알아서 책을 많이 읽기를 바란다.

더 빨리 가려고 서두르다 보면 오히려 멈춰버리게 될 수 있다. 뒤로 가거나. 그래서 나는 아이들이 즐길 수 있는 책놀이로 한 해를 이끌면서 책읽기를 즐기는 습관을 익힐 수 있는 노력을 해오고 있다.

아이는 아이일 뿐이다

『너는 특별하단다』

너는 특별하단다 표지
맥스 루케이도 글, 세르지오 마르티네즈 그림
아기장수의 날개 옮김, 고슴도치 발행,(2002. 01)

아이들마다 성장 속도가 다르다. 신체적 성장 속도도 다르지만, 운동, 음악, 미술, 수학, 이해력 등 배움의 속도도 다 다르다.
조금 더 빨리 배울 수도 있고, 조금 더 늦게 배울 수도 있다. 그러기 때문에 어른들의 기다림이 필요하다.

독서도 마찬가지다. 초등학교 5학년이지만 어떤 아이들은 성인 수준의 책을 읽는 아이가 있고, 어떤 아이들은 글만 있는 책을 읽기 어려워하는 아이도 있다. 몇 학년 필독 도서 등 일정한 나이가 되면 반드시 읽어야 하는 책들이 있다고 한다. 그러다 보니 내 아이의 성장 속도를 생각하지 않고 많은 책을 아이들에게 읽히려고 한다.

자기 수준에 맞지 않는 어려운 책을 읽게 되면 누구나 책이 지루하고 재미없어 질 수 밖에 없다. 아이들이 책을 재미있어하고 책과 친해지기 위해서는 조급해 하지 말아야 한다. 나는 한 해가 시작되면 저학년이든 고학년이든 상관없이 그림책을 읽어 준다.

오이반 아이들에게 읽어줄 첫 책으로 [너는 특별하단다] 그림책을 준비했다. 이 그림책은 '너는 단지 너라는 이유로 특별하단다.'라는 메시지를 주는 책이다. 이 책을 통해 선생님에게도 우리 반 아이들 한 명 한 명이 무엇을 잘해서가 아니라 그냥 있는 그대로의 자신이기 때문에 특별하다는 메시지를 주고 싶다.

"그림책은 어른들도 읽을 수 있는 책이에요. 선생님은 [너는 특별하단다] 이 그림책을 읽고 눈물까지 흘렸는걸요? [너는 특별하단다] 제목을 보니 어떤 내용일 것 같아요?"

"특별한 재능이 있는 아이가 나올 것 같아요."

"장애가 있는 아이가 나올 것 같아요."

"그럴까요? 어떤 내용인지 잘 들어보세요. 그림책은 그림을 보는 것도 중요하니까 그림도 잘 보세요."

실물화상기를 통해 그림을 잘 볼 수 있도록 비춰 주면서 책을 읽어 주기 시작했다.

출처 : 너는 특별하단다(고슴도치)

"엥~사람이 왜 저렇게 생겼어?"

시우의 목소리였다. 시우가 장난만 치고 있는 줄 알았는데 그림을 보고 있다는 것은 좋은 징조였다. 못 들은 척 하고 계속 책을 읽었다.

"나무결이 매끄럽고 색이 잘 칠해진 웸믹들은 항상 별표를 받았어. 하지만 나무결이 거칠고 칠이 벗겨진 웸믹들은 늘 잿빛 점표를 받았지."

"스티커로 평가하는 것은 정말 싫은데…"

누군가 조용히 이야기를 한다. 잘 듣고 있다는 증거다.

엘리라는 목수 아저씨가 만든 웸믹이라는 작은 '나무 사람들'이 있었다. 웸믹들은 금빛 별표가 든 상자와 잿빛 점표가 든 상자를 들고 다니면서 서로 별표나 점표를 붙이며 하루를 보냈다. 재주가 뛰어나거나 잘 하는 것이 있으면 별표, 재주가 없거나 실수를 하면 점표가 붙여졌다.

이 책의 주인공인 펀치넬로에게는 점표가 잔뜩 붙여 있었고, 스스로 좋은 나무 사람이 아니라고 생각하게 되었다. 그러던 어느 날 별표도, 점표도 아무것도 없는 루시아를 만났고, 루시아를 통해 엘리 아저씨를 알게 되었다. 펀치넬로는 엘리 아저씨를 만나면서 자신이 특별할 수도 있다고 생각하기 시작했고, 그 순간 점표 하나가 떨어졌다.

그림책을 다 읽어 준 다음 한 명 한 명과 눈을 맞추며,

"수진이는 특별하단다, 미정이는 특별하단다, 준서는 특별하단다, 온유는 특별하단다, 하늘이는 특별하단다, 대호는 특별하단다, 찬우는 특별하단다..."

"아이, 낯 간지러워요."

대호의 반응이었다. 그러면서도 싫지만은 않은 표정이었다.

이어서 문태준 시인의 '나는 내가 좋다' 라는 시를 나의 시로 바꾸기를 했다.

나의 안구에는 볍씨 자국이 여럿 있다
예닐곱살 때에 상처가 생겼다
어머니는 중년이 된 나를 아직도 딱하게 건너다보지만
나는 내가 좋다
볍씨 자국이 선명하게 나 있는 나의 눈이 좋다

물을 실어 만든 촉촉한 못자리처럼
눈물이 괼 줄을 아는 나의 눈이 좋다
슬픔을 싹 틔울 줄 아는 내가 좋다

- 문태준 〈나는 내가 좋다〉 전문

전제적으로 이해하기 쉬운 시지만 그래도 아이들에게 어려울 수 있는 상징과 은유는 쉽게 설명을 해 주었다.

시인은 눈(안구)를 다쳤는데 벼와 관련된 사고인 것 같다. 여섯살이나 일곱살 때 다쳤는데 어른이 된 지금도 어머니는 나를 보며 안타까워 하신다. 지금도 아파서 눈물이 나기도 하지만 이것이 원망스럽거나 싫지 않다. 오히려 못자리처럼 눈물을 고이게 하는 내가 좋다. 슬픔을 거부하지 않는 내가 좋다.
후반부에는 다소 철학적이고 역설적이라 단순한 아이들로서는 이해하기가 힘들겠지만 나이가 들면 이해하리라 생각하고 나의 시로 바꿔 보기로 했다. 패러디라고 해도 될 것이다.

아이들 모습만큼이나 다양한 내용이 나와 뿌듯했다.
5학년쯤 되면 아이들은 자기가 다 컸다고 생각을 한다. 그러나 아이들과 생활을 하다보면 5학년도 아이는 아이일 뿐이란 생각을 하게 된다. 대호도 겉으로는 센 척하지만 다른 아이들과 마찬가지로 순수함을 지닌 아이일 뿐이다. 특별하지 않은 아이는 단 한 명도 없다.

[독서지도안]

단계	그림책 수업 주제	내용	활동
독서 전	책 제목을 보고 드는 생각은?	제목을 보니 어떤 내용일 것 같나요?	제목으로 내용 추측하기
독서 중	『너는 특별하단다』를 들으면서 그림도 자세히 살펴봅시다.	• 펀치넬로에게 점표가 많이 붙은 이유는? • 내가 펀치넬로였다면 어땠을까? • 웸믹들의 모습이 어떻게 보이나요? • 늘 누군가에게 평가 받는다면 어떤 기분일까요?	• 신호등 토론 – 잘 했을 때 스티커로 칭찬 해 주는 것이 좋다. – 재주가 많은 사람이 특별한 사람이다.
독서 후	1. 나는 특별해	• 특별하지 않는 사람이 있을까요?	– 아이들 한 명 한 명의 이름을 불러주며 "00이는 특별하단다 말해 주기
	2. 내가 특별한 이유	• 무엇을 잘 해야 특별할까요? • 우리 모두가 특별한 이유는 무엇일까요?	– 존재 자체로 특별하다는 것을 알기 – 〈나는 내가 좋다〉('문태준' 시) 시를 나의 시로 바꾸어 쓰기
	3. 타인의 불편한 시선을 극복하는 방법	• 잘못을 지적 당했을 때는 어땠나요? • 내가 잘 하는 것이 없다고 느낄 땐 어떻게 해야 할까요?	• 자신감 UP 명언 – 자신감 명언 카드 만들기

화가 날 땐 행감바

『소피가 화나면, 정말 정말 화나면』

소피가 화나면, 정말 정말 화나면 표지
ⓒ 몰리 뱅, 박수현 옮김, 책읽는곰 (2000. 12)

 한 교실엔 다양한 아이들이 있다.
 얌전한 아이, 장난 심한 아이, 규칙을 잘 지키는 아이, 적극적인 아이 등 성격도 다르고, 좋아하는 것도 다른 아이들 20명이 하루 5~6시간을 함께 보낸다. 그러다 보니 서로 의견이 맞지 않거나 기준이 달라 다툼이 생기기도 한다.

화가 나는 상황에서 몸으로 해결하려는 아이가 있고, 소리를 지르는 아이가 있고, 그냥 혼자 삭이는 아이가 있다. 화가 났을 때 화가 나는 감정을 말로 잘 표현하기만 해도 화가 어느 정도 가라앉는다. 성격과 취향이 다른 20명의 아이들이 1년 동안 큰 문제 없이 잘 지내기 위해서는 화가 났을 때 대처하는 방법을 알려주는 것이 중요하다. 그래서 매년 3월 첫 주에 '행감바'를 알려준다.

 행감바가 무엇인지 알려주기 전에 먼저 [소피가 화나면, 정말 정말 화나면] 이라는 그림책을 읽어준다.

 "여러분들은 언제 화가 나나요?"

 "친구가 놀릴 때요."

 "동생이랑 싸웠는데 엄마가 저만 혼낼 때요."

 다양한 이야기가 나왔다.

 "선생님이 오늘 읽어 줄 책은 [소피가 화나면, 정말 정말 화나면] 이라는 그림책이에요. 표지 그림을 보세요. 얼굴 표정이 어떤가요?"

 "화가 많이 난 것 같아요."

 "콧구멍이 웃기게 생겼어요. 크크. 눈도 파란색이에요."

 "눈이 파랗고 머리가 노란 것을 보니 우리나라 사람은 아닌 것 같죠?"

 [소피가 화나면, 정말 정말 화나면]은 소피가 화날 때 어떻게 화를 푸는지 보여 주는 책이다. 소피가 고릴라 인형을 가지고 재미있게 놀고 있었는데 언니가 고릴라 인형을 뺏어간다.

 소피는 무척 화가 나서 밖으로 나간다. 밖에서 혼자 울다가 바위, 나무, 바다를 보고 새소리에 귀를 기울이고 산들바람을 느끼면서 화를 풀게 된다.

 "소피가 애어른 같아요."

"왜 그렇게 생각하나요?"

"밖으로 나가서 혼자서 화를 푸는 아이는 별로 없거든요"

"여러분들이 고릴라 인형을 뺏긴 소피였다면 어떻게 할 것 같아요?"

"언니에게 소리 지르고 싸울 것 같아요."

"학교에서 친구에게 화가 날 때도 있잖아요. 그럴 땐 어떻게 하나요?"

독서 후 활동 - 행감바

"성격도 다르고 좋아하는 것도 다른 사람들이 모여 있는 교실이니 의견 충돌이 생기는 건 당연한 거 아닐까요? 중요한 것은 그걸 어떻게 잘 해결하느냐겠죠? 화가 날 때는 행감바를 한 번 해 보세요."

"행감바요? 행감바가 뭐에요? 아이스크림 바인가요?"

"하하. 그 바가 아니구요~~네. 처음 들어봤죠? 행감바는 행동, 감정, 바램을 줄여서 부르는 말이에요. 화가 나게 한 상대방의 행동, 그 때의 나의 감정, 앞으로 상대방이 어떻게 해 주길 바라는지 말로 표현하는 거에요. 소피가 행감바를 한다면 어떻게 하면 되는지 다같이 한 번 말해 볼까요? 먼저 상대방의 행동! 행!"

"언니, 언니가 내가 가지고 놀고 있던 고릴라 인형을 갑자기 뺏어 갔잖아!!"

"그때의 나의 감정. 감!"

"그때 많이 당황스럽고 화가 났어."

"해줬으면 하는 바램. 바!"

"앞으로는 갑자기 뺏어가지 않았으면 좋겠어."

'화가 날 땐 행감바'라는 문구와 행감바에 대한 설명을 게시판에 붙여 놓았다. 화가 날 때 그걸 보면서 해 보라고 아이들에게 말했다.

그리고 구체적으로 화가 난 상대방에게 편지쓰기를 알려주었다. 글을 쓰다보면 울컥, 하는 막연한 감정을 정리해서 표현하는 방법을 배우게 되고 그 글 쓰는 과정에서 조금 누그러질 수도 있다.

아이들은 상대방이 자신의 화나는 감정을 부드럽게 표출하고 누군가 들어주고 그 감정을 인정해 주는 것만으로도 화가 풀리는 경우가 많다.

HTP 심리분석

아이들의 심리 상태를 파악하기 위해 집, 나무, 사람 그림으로 심리를 분석하는 HTP를 해 보는 것도 좋다.

〈참고〉 HTP 내용분석

'집' 그림은 가정생활과 가족 관계로 해석한다.

문 : 타인에 대한 태도로 해석한다.
- 문이 없거나, 손잡이가 없으면 외부와의 소통에 위축되어 있다.
- 크기에 따라 타인과의 관계를 예민하게, 혹은 어려워 한다.

창문 : 대인관계에서 경험한 감정으로 해석한다
- 창문이 없으면 대인관계에서 위축된 상태이다.
- 창문 수가 많으면 타인과 관계를 맺고 싶어하는 욕구가 강함
- 창문에 커튼, 창살은 상처받지 않기위해 방어하려는 태도이다.

지붕은 자신의 생각, 공상 활동이다.
- 지붕이 없으면 자아에 대한 성찰, 공상 부족이고 지나치게 큰 지붕은 공상이 많다.
- 굴뚝에서 연기가 나면 집 안 분위기가 어둡다.

'나무' 그림은 무의식적 감정을 나타낸다

- 줄기가 없으면 자아가 약화된 상태이고 크면 자아를 과잉 보호하고자 한다.
- 휘어있으면 자아는 강하나, 손상, 압박 상태이다.

뿌리는 자아의 근원으로 해석한다
- 뿌리가 없으면 자신감이 부족하고 땅은 있는 경우는 자신감은 부족하나 보호받고 있다는 안정감을 느끼고 있다.
- 뿌리가 날카로우면 강한척 하지만, 내적으로는 불안하고 공포감을 느끼고 있다.

- 가지가 없으면 사회적으로 위축, 자신감이 결여되어 있다.
- 간격이 넓으면 현실보다는 공상적인 부분에서 만족감을 느낀다.
- 끝이 날카롭고, 진하면 공격성이 내제되어 있음
- 잎, 열매가 떨어져 있으면 대인관계에서 상처를 받았거나, 어려움을 겪고 있다.

'사람' 그림은 자기개념이나 신체를 나타낸다

- 자신과 다른 성을 그리면 이성에 대한 관심이 높거나 성적 정체성에 고민이 있다.
- 신체 부위가 크면 신체적 불만이나 콤플렉스가 있고, 지능에 대한 콤플렉스
- 신체를 간략하게 그리면 현실 부성과 회피 성향이 있나.

[독서지도안]

단계	그림책 수업 주제	내용	활동
독서 전	앞 표지를 보고 드는 생각이나 느낌은?	• 언제 화가 나나요? • 앞 표지의 얼굴 표정이 어떤가요?	• 화가 나는 상황은?
독서 중	『소피가 화나면, 정말 정말 화나면』를 읽으면서 등장인물의 성격 살펴보기	• 소피는 어떤 아이인가? • 내가 만약 언니에게 고릴라 인형을 뺏긴 소피였다면 어땠을까? – 소피가 화를 푸는 방법은?	• 다른 사람의 입장 되어 보기. – '내가 만약 OO이었다면' (친구, 가족, 등장인물) 이야기 나누기
독서 후	1. 화가 날 땐 '행감바'	• 행감바의 의미 알기 – 상대방의 어떤 행동에 화가 나나요? – 그 때의 나의 감정은? – 앞으로 상대방이 어떻게 해 주길 바라나요?	• 행감바 상황극 해보기 – 내가 화가 났을 때를 생각하며 행감바 해 보기
독서 후	2. 감정 표현하기	• 친구나 가족이 나를 화나게 했을 때는? • 화가 나는 감정을 어떻게 표현할까요?	– 나의 감정과 바람을 담아 나를 화나게 한 상대방에게 편지쓰기
독서 후	3. 평화로운 교실을 위한 약속	• 화가 났을 때는 어떻게 해야 될까요?	• '행감바' zone 정하기 • 행감바 방법 게시하기

함께 만드는 규칙

『우리는 친구』

우리는 친구 표지
앤서니 브라운 글·그림, 장미란 옮김, 웅진주니어 발행(2008.04)

매 학년 초에 학급 규칙을 아이들이 직접 만든다. 선생님이 일방적으로 정해주는 규칙은 아이들에게 거부감을 줄 수 있고, 불만이 생길 수 있다. 그런 규칙은 잘 안 지켜질 가능성이 높다. 그러나 아이들이 직접 만든 규칙은 다르다.

학급 아이들의 의견이 충분히 반영된 토의와 토론을 통해 정해진 규칙이기 때문에 더 잘 지켜진다. 또한 학급에 대한 주인의식도 생기게 된다.

학급 규칙을 만들기 전에 읽어 주는 그림책은 [우리는 친구]이다.

"오늘은 우리 오이반의 학급 규칙을 만들어 볼 거예요."
"학급 규칙이요? 그걸 저희가 만들어요? 선생님이 그냥 정해서 말해 주시는 거 아닌가요?"
"우리 오이반의 주인은 누구인가요?"
"저희들이요."
"그렇죠. 그럼 우리 반의 규칙은 누가 만들어야 될까요?"
"저희들이요?"
"그렇죠. 그래서 여러분이 직접 규칙을 만들어 볼거예요. 먼저 [우리는 친구] 그림책을 읽어 줄게요. 표지와 제목을 보니 어떤 내용일 것 같나요?"
"고릴라와 고양이가 친구인 것 같아요."
"고릴라와 고양이가 서로를 많이 좋아하는 것 같아요. 행복한 얼굴이에요."
"고릴라는 고양이를 잡아먹을 것 같은데…머리 위에 앉은 고양이를 어떻게 잡아먹을까 행복한 상상을 하고 있는 것 같아요."
"야, 제목을 봐. 제목이 우리는 친구인데, 친구가 친구를 잡아먹어?"
세윤이의 말에 시은이가 따졌다.
"각자 다른 친구들이 나올 수도 있지!"
세윤이도 질세라 더욱 목소리를 높여서 말했다.

"이제 그림책을 읽어 줄테니 각자 짐작했던 내용이랑 비교해 보세요."

[우리는 친구]는 고릴라와 '예쁜이'라는 작은 고양이가 주인공이다. 고릴라는 동물원 사람들에게 손짓으로 말할 수 있었고, 어느 날 친구가 필요하다고 말했다. 그래서 동물원 사람들은 고릴라에게 '예쁜이'라는 작은 고양이를 주었다.

둘은 무엇이든 함께 했고, 그렇게 오랫동안 둘은 행복하게 지냈다. 그러던 어느 날 영화를 보던 고릴라가 화가 머리끝까지 나서 텔레비전을 부수고 말았다. 동물원 사람들은 고양이가 위험하다고 생각해서 고양이를 데려가려고 했다. 그 때 고양이가 텔레비전을 부순 건 바로 나라고 손짓 말을 했다. 그래서 예쁜이와 고릴라는 오래오래 행복하게 잘 살았다는 이야기이다.

"고릴라와 고양이가 친구가 된 것이 참 신기해요."
"둘이 소파에 앉아 잠자는 모습이 참 귀여웠어요."
"고양이 키우고 싶어요."
"다른 동물들도 손짓으로 말할 수 있으면 참 좋을 것 같아요."
"그런가요? 고양이는 어떻게 손짓으로 말할 수 있었을까요?"
"고릴라가 가르쳐 줬어요. 특별한 고릴라잖아요."
"고릴라와 예쁜이가 행복하게 잘 살 수 있었던 이유는 무엇이라고 생각하나요?"
"고양이가 고릴라 대신 텔레비전을 부쉈다고 말해서요."
"서로를 잘 감싸주고 둘이 잘 맞는 것 같아요."
"친구는 어때야 한다고 생각하나요?"
"친구는 서로 잘 감싸주어야 해요."

"친구는 서로를 아끼고 배려해야 돼요."

독서 후 활동 - 포스트잇 붙이기

"오이반 친구들이 다같이 행복하게 잘 지내려면 어떻게 해야 하나요? 내가 바라는 오이반을 포스트잇에 써서 칠판에 붙여 주세요."

 칠판에 붙은 포스트잇을 비슷한 것끼리 묶어 분류해 보니, 똑똑한 우리, 즐거운 우리, 절약하는 우리, 깨끗한 우리, 규칙을 잘 지키는 우리, 사이좋은 우리 등으로 정리가 되었다.

"6가지로 분류되었네요. 6가지 중에서 즐거운 우리에 가장 많은 포스트잇이 붙여 있네요. 즐거운 우리 반이 되기 위해서는 어떻게 말해야 하나요?"

"내가 도와줄게."

"넌 할 수 있어."

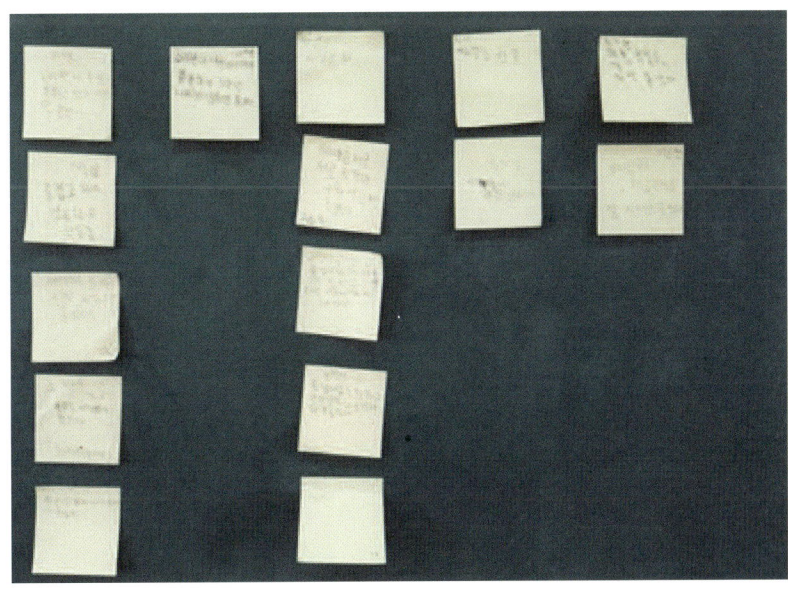

"고마워."

"넌 최고야."

"잘했어."

"와~ 이런 말은 말만 들어도 기분이 좋아지네요. 그럼 행동은 어떻게 해야 할까요?"

"서로 먼저 하겠다고 싸우면 안 돼요. 서로 도와야 해요."

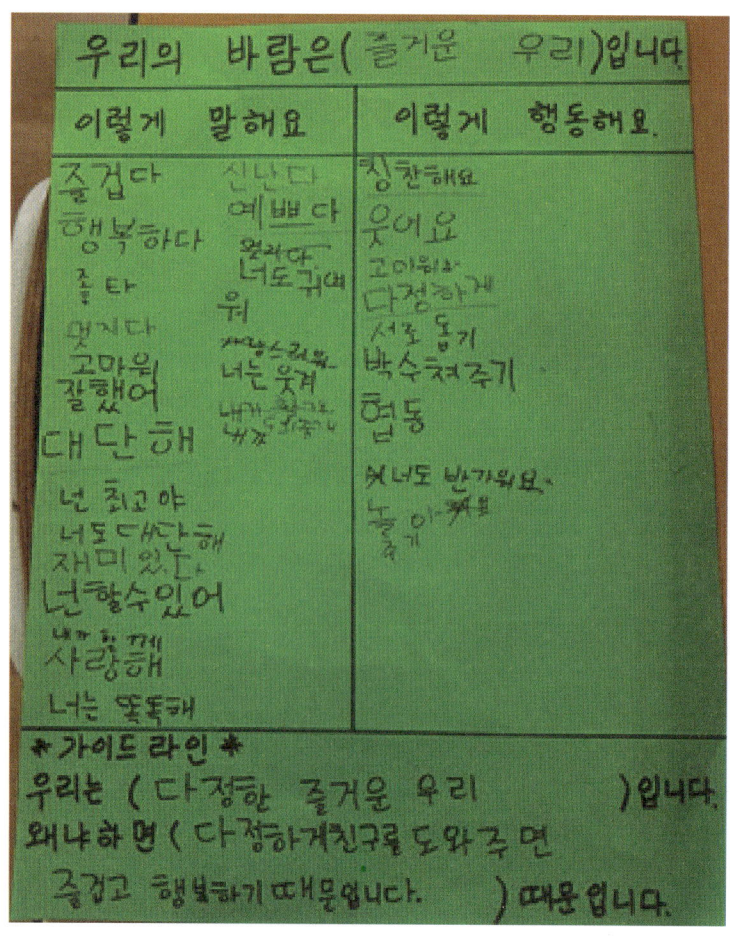

"욕하지 말고, 다정하게 말해야 돼요."

"친구를 때리지 말아야 해요. 함께 잘 놀아요."

"친구의 물건도 소중히 해야 돼요."

"도움이 필요한 친구를 잘 도와 줘요."

"친구의 장점을 칭찬해요."

"여러분이 정한대로 말하고 행동하면, 즐거운 우리 반이 될 것 같아요. 이렇게 정한 규칙은 뒤쪽 벽에 붙여 놓을게요. 항상 보면서 잘 지켜주세요."

[우리는 친구]는 잘 어울리지 않을 것 같은 고릴라와 고양이가 서로를 배려하며 행복하게 사는 모습을 보여준다.

친구는 어때야 된다고 말해 주는 것보다 이러한 그림책을 보고 스스로 생각해 보는 것이 더 의미가 있다. 더불어 친구와 잘 지내기 위해 나는 어떻게 행동해야 되는지 생각해 볼 수 있게 된다.

아무리 훌륭한 규칙이 있어도 잘 지켜지지 않으면 무용지물이 된다. 아이들이 스스로 지킬 수 있는 규칙을 만들어야 한다. 내가 지킬 규칙을 내가 직접 만들면 자발적으로 잘 지킬 수 있게 된다. 학년 초에 이렇게 학급 규칙을 세워 두면 1년동안 평화롭고 행복한 반이 될 수 있다.

[독서지도안]

단계	그림책 수업 주제	내용	활동
	우리는 친구 [독서지도안]		
독서 전	앞 표지와 책 제목을 보고 내용 짐작하기	• 앞 표지를 보고 드는 생각은 무엇인가요? • 책 제목을 보니 어떤 내용일 것 같나요?	• 책 내용 짐작하기
독서 중	짐작했던 내용과 책 내용 비교하기	• 예쁜이는 어떻게 손짓으로 말할 수 있었나요? • 고릴라와 예쁜이가 행복하게 살 수 있었던 이유는 무엇인가요? • 친구는 어때야 하나요?	• 마인드맵 – '친구' 하면 떠오르는 것은? – 친구는 어때야 하나?
독서 후	1. 내가 바라는 우리 반	• 학급 친구들 모두 행복하게 지내려면 어떻게 해야 하나요? • 내가 바라는 우리 반은?	– 내가 바라는 우리 반을 포스트잇에 써서 칠판에 붙이기 – 칠판에 붙은 포스트잇 분류 하기
	2. 함께 만드는 우리 반 규칙	• 포스트잇에서 가장 많이 나온 내용은? • 우리가 바라는 반을 만들기 위해 어떻게 말해야 될까요? • 어떻게 행동해야 될까요?	– 4절 도화지에 우리 반 규칙 정리하기 – 우리 반 가이드라인 정하기 – 정한 규칙 교실게시판에 붙히기
	3. 친구란?	• 친구와 잘 지내기 위해 내가 해야 할 말과 행동은?	– 아름다운 친구 사전 만들기 – 예) 친구는 나보다 달리기를 못한다고 놀리지 않아요 – 글과 그림으로 표현

감정 출석부가 필요해요

『오늘 내 기분은…』

오늘 내 기분은... 표지
메리앤 코카-레플러 글·그림, 김은재 옮김, 키즈엠 발행(2015.05)

    5학년이 된 지 일주일도 안 되었지만, 그동안 윤서는 늘 밝은 얼굴로 소란스럽게 등교를 했다. 그런데, 오늘은 웬일인지 윤서가 힘없이 조용히 들어온다.
"윤서, 기분이 별로 안 좋아 보이네? 무슨 일 있어요?"
"그냥 머리가 좀 아파서요."
"그랬구나. 더 힘들어지면 바로 선생님한테 이야기해요?"
"네~"

대답에도 힘이 없다. 오늘 하루 윤서를 신경 써서 살펴봐야겠다.

등교하는 아이들의 기분과 몸 상태를 매일 체크한다. 아프거나 우울한 아이가 있으면 더 신경 써서 살펴본다. 그래야 적절한 도움을 줄 수 있고, 무리한 활동을 시키지 않을 수 있다. 매일 20명이나 되는 아이들의 기분을 일일이 물어볼 수가 없어서 학년 초에는 감정 출석부를 알려주는 수업을 한다.

'신난다', '기쁘다', '슬프다', '우울하다' 등 다양한 기분이 써진 감정 출석부에 자신의 기분을 표시하는 것이다.

무섭다 Scared	슬프다 Unhappy	외롭다 Lonely	짜증나다 Irritated	화나다 Angry
신난다 Excited	행복하다 Happy	당황하다 Embarrassed	미안하다 Sorry	창피하다 Ashamed
억울하다 Unfair	즐겁다 Amused	답답하다 Feel stressed	걱정되다 Worried	설레다 Hopeful
샘나다 Jealous	실망하다 Disappointed	울고 싶다 Feel like crying	부끄럽다 Shy	재미있다 Fun
편안하다 Relaxed	기쁘다 Delighted	얄밉다 Hateful	속상하다 Distressed	뿌듯하다 Proud
우울하다 Depressed	서운하다 Feel Bad	만족하다 Satisfied	불안하다 Anxious	놀라다 Surprised
쓸쓸하다 Friendless	신경질나다 Upset	아쉽다 Sad	약오르다 Annoyed	후회되다 Regretful

(옥이샘의 감정툰 출석부-감정출석부)

이 수업은 기분에 대한 그림책부터 읽어 주고 시작한다.

"오늘 읽어 줄 그림책은 기분과 관련된 그림책인 [오늘 내 기분은…]

이에요. 표지를 보니 어떤 내용일 것 같아요?"

"갸우뚱하는 표정을 보니 자기 기분이 어떤지 모르는 것 같아요."

"왜 자기 기분이 어떤지 모를까요?"

"여러 가지 기분이 섞여서 그런 것 같아요. 화가 나면서 두렵고. 뭐 그런거요."

"오늘 여러분의 기분은 어떤가요?"

"전 오늘 아침에 제가 좋아하는 반찬을 엄마가 해 주셔서 신나요."

"저는 머리가 아파서 우울해요."

윤서가 힘없는 목소리로 대답했다.

"여러분은 자신의 기분이 어떤지 잘 표현하네요? 그림책의 주인공은 어떤 아이인지 잘 들어볼까요? 선생님은 월요일마다 친구들에게 기분을 물었어요. 오늘은 테오에게 물었지요"

"어! 신기해요. 오늘이 월요일은 아니지만 책에 나오는 선생님처럼 선생님도 저희한테 기분을 물었잖아요."

"그러네요."

[오늘 내 기분은] 책은 오늘 기분이 어떤지 잘 모르는 테오가 주인공이다. 테오는 여동생이 생긴 기분을 어떻게 표현할지 몰라 당황해한다.

친구들의 도움으로 자신의 기분이 어떤지 알아가고, 오빠가 된 기분을 여러 가지 기분으로 표현한다. 테오는 한 가지 기분이 아닌 많은 기분을 한꺼번에 느꼈기 때문에 쉽게 대답하지 못한 것이었다.

"여러분도 여러 가지 기분을 한꺼번에 느낀 적이 있나요?"

"전 오늘 새 신발을 신고 왔거든요. 새 신발을 신어서 기분이 날아갈 듯 좋지만, 더러워질까 봐 걱정이 되기도 해요."

독서 후 활동 - 감정출석부

"하하 여러분은 기분 표현을 정말 잘 하네요. 그럼, 감정 출석부에 기분 표시 하는 것은 어렵지 않게 할 수 있을 것 같은데요."

"감정 출석부가 뭐에요?"

"이게 감정 출석부에요. 이걸 칠판에 붙여 놓을 거예요. 내일부터는 등교하자마자 그 때의 기분을 표시하세요. 그런 후 왜 그런 기분이 들었는지 선생님이 나눠 준 수첩에 적어서 선생님 책상 위에 올려 놓아주세요. 오늘 기분으로 연습을 한 번 해 볼까요?"

"네"

"그럼, 먼저 감정 출석부에 자신의 기분을 표시해 주세요. 다치지 않게 질서를 지키며 천천히 칠판 앞으로 나와 주세요. 감정 출석부에 체크가 끝난 친구들은 수첩에 왜 그런 기분이 들었는지 적어 주세요."

감정출석부 앞에서 약간 머뭇거리는 아이가 있긴 했지만, 대체로 자신의 기분을 표현하는 것을 그리 어려워하지 않았다.

매일 아침 아이들의 건강 상태나 기분을 체크하는 것은 참 중요하다. 건강 상태나 기분이 그 날의 학교생활에 많은 영향을 주고, 선생님이 잘 알고 있어야 적절한 도움을 줄 수 있기 때문이다.

교사 한 명이 20명이나 되는 아이들의 기분을 눈으로 보고 체크한다는 것은 아주 어렵다. 아이들 중에는 표현을 잘 안하는 아이들도 있기 때문에 더 어렵다.

감정 출석부를 활용하면서부터 이러한 문제를 어느 정도 해결할 수 있었다. 아침에 아이들과 감정을 공유하면서 아이들에 대해 더 자세히 알게 되고, 아이와 더 가까워지는 기분도 느낄 수 있었다. 왜 그런 감정을 느꼈는지 쓴 아이들의 수첩에 댓글을 달아 주기도 한다.

[독서지도안]

오늘 내 기분은 [독서지도안]			
단계	그림책 수업 주제	내용	활동
독서 전	기분을 나타내는 말	• 기분을 나타내는 말은 어떤 것이 있을까요? • 앞 표지 그림에서 보이는 인물은 어떤 기분일까요?	• 기분을 나타내는 말 알기
독서 중	『오늘 내 기분은』 내용 파악하기	• 주인공 테오는 어떤 아이인가요? • 테오는 왜 당황 했나요? • 테오가 자신의 기분을 잘 대답하지 못한 이유는 무엇인가요? • 여러 가지 기분을 한꺼번에 느낀 적이 있나요?	• 기분 알아맞히기 놀이 - 기분을 나타내는 낱말카드 준비 - 카드를 뽑아 1명이 표정 연기 하면 나머지 사람들이 기분 맞히기
독서 후	1. 기분을 알면 좋은 점	• 다른 사람의 기분을 알면 무엇이 좋을까요? • 내 기분을 다른 사람들이 몰라주면 어떤가요?	- 친구와 자기 생각 나누기
	2. 감정출석부	• 감정출석부란? • 감정출석부에 기분을 표시하고 왜 그런 기분이 들었는지 수첩에 쓰기 • 수첩에 쓴 내용을 친구들과 공유하기	- 감정출석부에 기분 표시하기 - 왜 그런 기분이 들었는지 수첩에 쓰기
	3. 나의 캐릭터 만들기	• 나만의 캐릭터를 생각해 보세요. • 나의 캐릭터를 설명해 보세요.	• 나의 캐릭터 원형 자석 만들기 - 감정출석부에 기분 표시할 때 사용하기

나는 어떤 존재?

『나는 누구일까?』

나는 누구일까? 표지
박상은 글·그림, 현북스 발행(2013.09)

 아이들 한 명 한 명은 모두 소중한 존재다. 그냥 그 존재 자체로 소중하다. 그러나 아이들은 다른 아이들과 끊임없이 비교당해 왔다. 그러면서 상대적으로 자신을 하찮은 존재로 생각하기도 한다. 정말 가슴 아픈 일이다. 이런 아이들이 존재 자체로 소중하다는 것을 깨닫고, 자신의 능력을 맘껏 발휘할 수 있게 해 주고 싶다.

그래서 [나는 누구일까?] 그림책을 읽어 주고 자신의 존재에 대해 생각해 보는 시간을 갖는다.

"표지 그림이 의미하는 것이 뭐에요? 나비 날개가 귀처럼 생겼고, 꽃에는 눈이 있고… 괴물 같아요."

혜빈이가 얼굴을 살짝 찡그리며 말했다.

"표지 그림이 좀 어렵죠? 그럼 제목으로 내용을 짐작해 보세요."

"자신이 누구인지 모르는 주인공이 우주로 자신을 찾아 나서는 내용일 것 같아요."

"제목과 표지를 보고는 내용 짐작이 잘 안 되요. 선생님 그냥 읽어 주세요."

"그럴까요? 그럼 어떤 내용인지 잘 들어 보세요."

[나는 누구일까?] 그림책은 자신이 누구인지 궁금한 까망이가 주인공이다.

까망이는 자신만 빼고 친구들은 모두 좋은 점을 가지고 있다고 생각하고 친구들의 그 좋은 점들을 부러워한다. 그래서 자신에게 어떤 좋은 점이 있는지 찾아보기로 했다.

볼 수 있는 나무에게, 들을 수 있는 나비에게, 말할 수 있는 파도에게 물어보았지만 아무도 말해 주지 않았다. 자신의 좋은 점을 찾지 못하고 본래 있던 자리로 돌아 왔다.

바로 그때 빛나는 황금 열쇠를 가진 새 한 마리가 날아와 까망이에게 열쇠를 갖다 대었다. 까망이는 보물 상자의 열쇠 구멍이었던 것이다. 까망이는 그냥 작고 까만 아이가 아니라 가슴에 보물을 가득 품은 아이였던 것이다.

"아~ 표지 그림이 열쇠 구멍 그림이었던 거네요? 열쇠 구멍 안에 이상한 그림들이 그려져 있어서 무슨 그림인지 감이 안 왔어요."

"표지 그림에 대한 궁금증이 좀 풀렸겠네요? 여러분도 열쇠 구멍처럼 여러분 안에 보물을 가득 담고 있는 거 아세요?"

"저희가 무슨 저금통이나 보물 상자도 아니고 무슨 보물을 담고 있어요?"

혜빈이가 오늘은 기분이 별로 안 좋은지 계속 삐딱하게 말한다.

"선생님이 말하는 보물이 금은보화나 화려한 보석을 말하는 것일까요?"

"아닌 것 같아요. 뭔가 중요한 것을 가지고 있다는 뜻 같은데 뭔지는 잘 모르겠어요."

"여러분 모두는 보물처럼 아니 보물보다 더 소중한 존재이고, 무한

한 잠재능력을 가지고 있다는 뜻이에요."

"잠재능력이 무슨 말이에요?"

"지금은 드러나지 않지만 여러분 안에 있는 숨겨진 능력이란 뜻이에요. 언제든 발휘할 수 있는 능력이에요. 자신을 믿고 노력한다면 나중에 분명 탁월한 능력을 발휘할거에요."

"열쇠 구멍처럼 남이 가진 것만을 부러워하지 말고 자신이 가진 능력을 찾아보면 분명 더 빛나는 것이 있다는 거예요?"

우리 반의 책벌레인 수진이가 말했다.

"맞아요. 그러니 여러분도 남이 가진 것을 부러워하고 시기하기 보다는 자신이 가진 것이 무엇인지 생각해 보세요. 나의 보물상자 그리기 해볼게요."

글로만 쓰기보다는 그림으로 그리는 것이 효과가 클 때가 있다. 그림일기는 저학년때만 하는 것으로 인식되어 있으나 나이와 상관없이 그림으로 표현하면 글로 표현하지 못하는 감각적인 전달을 할 수 있다.

보물상자를 다 그리고 나서 친구들끼리 소개하고 서로 칭찬의 말도 주고받았다. 혼자 간직하기보다는 자기에 대한 것을 남과 공유하면 사회성 발달은 물론 자존감이 높아지고 생활의 의미를 찾을 수 있다.

　'그것도 못해', '너에게 내가 뭘 바라겠니?', '너가 그렇지' 등 어른들이 안타까운 마음에 무심코 던지는 말들이 아이들의 자존감에 상처를 남기게 된다.
　자존감에 상처를 입은 아이들은 스스로에 대한 믿음이 낮고 새로운 것에 도전하는 것을 두려워한다. 또한 예민하거나 툭 하면 삐쳐서 또래와의 관계가 원만하지 못하다.
　너는 너이기 때문에 소중하다는 것을 아이가 느낄 수 있게 해 주어야 한다. 자신이 소중한 존재라고 느끼는 아이들은 자신의 능력을 믿고 마음이 넓으며 상대방에 대한 이해심도 커진다.

[독서지도안]

나는 누구일까? [독서지도안]

단계	그림책 수업 주제	내용	활동
독서 전	앞 표지 그림의 의미 및 내용 짐작하기	• 앞 표지 그림이 의미하는 것은 무엇일까요? • 책 제목을 보니 어떤 내용일 것 같나요?	• 내용 짐작하기
독서 중	『나는 누구일까?』 내용 파악하고, 인상적인 부분 말하기	• 앞 표지 그림이 나오는 장면은? • 까망이는 무엇을 찾으러 다녔나요? • 까망이는 무엇이었나요?	• 질문 만들기 • 짝 또는 모둠 친구들과 묻고 답하기
독서 후	1. 나에 대한 탐구	• 나를 사랑해 주는 사람은? • 나는 누구한테 왜 칭찬을 받았었나요? • 내가 자신있게 할 수 있는 것은? • 나의 좋은 점은? (예: 친구들을 재미있게 해 준다. 음식을 골고루 먹는다 등 사소한 것도)	− 마인드맵으로 표현하기 − 친구들에게 소개하기
	2. 나의 보물 상자	• 나의 보물 상자엔 무엇 무엇이 들어가나요?	− 보물상자그림(학습지) 안에 나의 보물을 그리고 글로 쓰기
	3. 너의 보물 상자	• 친구의 보물 상자엔 무엇이 담겼나요? • 친구한테 칭찬의 말 해 주기(친구 인정하기)	• 칭찬의 말 주고 받기 놀이 − 보물상자 학습지를 들고 다니며 만나는 친구한테 소개하고 서로 칭찬의 말 주고 받기

틀린 생각은 없어

『틀려도 괜찮아』

틀려도 괜찮아 표지
마키타 신지 글, 하세가와 토모코 그림, 유문조 옮김, 토토북 발행(2006.02)

 초등학교 저학년일수록 발표를 많이 한다. 초등 1~2학년들은 서로 발표를 하려고 손을 많이 든다. 반면에 고학년으로 갈수록 아이들은 점점 발표를 하지 않게 된다. 저학년 때는 맞는 말이든 아니든 자신의 생각을 말하는데 주저함이 없는데 고학년으로 갈수록 정답이 아닐까 봐 두려워 많이 주저한다.

객관식 문항의 하나의 정답만을 요구받다 보니까 점점 자신의 생각을 말하는데 주저하게 되는 것이다. 그래서 매년 학기초 아이들에게 읽어 주는 책 목록에 [틀려도 괜찮아] 그림책이 있다. 틀려도 괜찮으니 우리 반에서만이라도 자신 있게 말하라고 미리 말해두기 위해서다.

"여러분들 중에는 저학년 때는 발표를 아주 많이 했다가 지금은 거의 안 하는 친구가 있을거에요. 그래서 오늘은 여러분들이 자신 있게 내 생각을 표현할 수 있도록 도와주는 그림책을 준비했어요. 바로 [틀려도 괜찮아]라는 그림책이에요."
"와~ 표지에 아이들이 정말 많아요."
"아이들이 모두 30명이에요."
"하은이는 아이들이 몇 명인지 벌써 세어 보았군요. 표지 그림의 의미는 무엇인 것 같아요?"
"인자하신 선생님께서 30명의 아이들 모두 보듬어 주시는 것 같아요."
"어! 그런 것 같네요. 아마 이 그림책을 다 듣고 나면 수업 시간에 자신 있게 손을 들을 수 있게 될 거에요. 들어 보세요. 틀려도 괜찮아, 교실에선. 너도 나도 자신 있게 손을 들고 틀린 생각을 말해. 틀린 답을 말해. 틀리는 걸 두려워하면 안 돼. 틀린다고 웃으면 안 돼"
"야, 너네 내가 말할 때 웃지 마라. 웃으면 안 된다고 나와 있잖아."
수업 중간에 엉뚱한 말을 잘 하는 세윤이였다. 세윤이가 자기 생각을 서슴없이 표현하는 것은 좋은데, 조금 더 부드럽게 표현했으면 좋겠다. 앞으로 차차 고쳐 갈 것이라 믿는다.

　[틀려도 괜찮아] 내용은 교실에는 틀리는 게 무섭고 두려워서 손도 못 들고 작게 움츠러 들고 입은 꾹 다문 아이들이 있다. 선생님이 발표를 시키면 가슴은 쿵쾅쿵쾅, 얼굴은 화끈화끈 일어선 순간 다 잊어버린다. 이런 아이들에게 구름 위의 신령님도 틀릴 때가 있는데 태어난 지 얼마 안 된 우리들이 틀리는 건 당연하다고 말해준다.

"선생님은 이 책을 읽고 참 멋진 말이 많다고 생각했어요. 여러분들은 어떤 문장이 와 닿았나요?"
"태어난 지 얼마 안 된 우리들이 틀리는 건 당연하다고 한 거요."
"가슴은 쿵쾅쿵쾅 얼굴은 화끈화끈 일어선 순간, 다 잊어버렸어가 와 닿았어요. 저도 그럴 때가 있거든요."
"자꾸자꾸 얘기하다 보면 두근거림도 줄어들고 말하고 싶은 것을 말할 수 있게 되는 거라고 한 거요. 나아질 수 있다고 하니 말할 용기가 생겨요."

독서 후 활동 – 틀리는 게임

"이건 여러분들만 알고 있으세요. 선생님도 어렸을 땐 가슴이 쿵쾅쿵쾅거리고 얼굴은 빨갛게 되어 발표하는 것이 많이 두려웠답니다. 선생님이 어렸을 때 이 책이 있었다면 선생님도 좀 더 빨리 발표를 잘하게 되었을 것 같아요. 지금부터 게임을 하나 할 거에요. 일명 '틀리는 게임'입니다. 무조건 틀린 답을 말해야 되는 거에요. 맞은 답을 말하면 지는 것입니다. 다같이 연습 한 번 해 볼게요. 우리나라 꽃은?"

"진달래, 벚꽃, 개나리, 튤립…"

"잘 했어요. 어떻게 하는지 알겠죠? 짝끼리 해 보세요."

틀린 것을 말하는 것이 재미있는지 하하 호호 웃으며 즐겁게 게임을 한다.

"선생님, 저도 모르게 정답을 말하게 돼요. 그래서 제가 졌어요."

수경이가 웃으면서 말한다.

앞으로 우리 반은 틀리는 것을 두려워하지 않고, 틀려도 '괜찮다'라고 말해 줄 수 있는 반이 될 것 같다. 그림책의 내용처럼 틀리는 건 당연한 것이다. 어른들도 틀릴 수 있는데, 어떻게 어린아이들이 정답만 말할 수 있겠는가?

아이들에게 '틀려도 괜찮다. 틀리는 것은 당연한 것이다. 자꾸자꾸 말해야 두려움도 줄고 말하고 싶은 것을 말할 수 있게 된다.

틀려도 괜찮은 질문 (엉뚱한 상상력 게임)

- 태극기에서 원모양의 태극의 위쪽는 왜 빨간색일까요?
- 공기는 왜 보이지 않을까요?
- 나라마다 지역마다 왜 언어가 다를까요?
- 피는 왜 빨간색일까요?
- 왜 주사맞는 부위는 다를까요?
- 박쥐는 거꾸로 매달려도 왜 괜찮을까요?
- 교통사고가 나는데 왜 계속 차를 만들까?

틀려도 괜찮은 질문 (틀린 답을 말해야 이기는 게임)

- 눈이 내리는 계절은?
- 「놀부와 흥부」이야기에서 욕심 많은 형은?
- 덧셈, 뺄셈, 곱셈 등을 배우는 과목은?
- 우리 나라 전통 음식은?
- 그림을 색칠 할 때 쓰는 미술도구는?
- 초등학교는 몇 학년까지 있나?

[독서지도안]

틀려도 괜찮아 [독서지도안]			
단계	그림책 수업 주제	내용	활동
독서 전	앞 표지를 보고 드는 생각이나 느낌은?	• 앞 표지 그림이 의미하는 것은? • 나는 발표하는 것이 어떤가요?	• 그림의 의미 파악하기 • 내용 짐작하기
독서 중	『틀려도 괜찮아?』 내용 파악하고 인상적인 부분 말하기	• 왜 손도 못 들고 작게 움츠러 들고 입은 꾹 다문다고 했나요? • 선생님께서 발표를 시키면 어떻다고 했나요? • 마지막에 아이들의 표정이 밝아진 이유는?	• 상황극 해보기 – 그림책의 주인공처럼 해보기
독서 후	1. 명문장이나 명장면 찾기	• 마음에 와 닿는 문장은? • 마음에 와 닿는 장면은?	– 명문장 필사하기 – 명장면 그리기
	2. 틀리는 게임	• 틀릴까봐 발표를 안 한 적이 있나요? • 발표를 했는데 틀리다고 하면 어떤가요? • 정답이 아닌 틀리는 답을 말해야 하는 게임이에요.	– 선생님과 학급 전체 틀리는 게임하기 – 짝과 함께 틀리는 게임하기
	3. 발표할 때는 정답만 말해야 될까요?	• 발표를 할 때 정답만 말해야 될까요? • 틀린 답을 말하면 창피한 것일까요?	• 토론하기 • 발표 규칙 정하기 – 친구가 틀린 답을 말하면 어떻게 해야 할까 – 발표할 때는?

2. 교과 공부도 그림책으로

미술수업

『김홍도』

김홍도 표지
정하섭 글, 유진희 그림, 보림 발행(1997.12)

교과서에 실린 그림만 감상할 수도 있지만 풍속화가 김홍도에 대해 좀 더 자세히 알려 주고 싶었다.
"오늘은 조선시대 유명한 화가 이야기를 좀 해 볼게요."
"미술 교과서에 나와 있는 이 그림을 보세요. 이 그림 밑에 누구의 그림이라고 적혀 있나요?"

미술 교과서를 실물화상기로 보여 주면서 물어 보았다.

"김홍도요."

"선생님, 저도 봤어요. 씨름하고 있는 저 그림 어떤 동영상에서 본 것 같아요."

"아마 많이들 봤을거에요. 이런 그림들을 풍속화라고 하고 김홍도는 우리나라의 유명한 풍속화가에요. 풍속화는 사람들의 생활 모습을 그린 그림을 뜻해요. 책에 나오는 김홍도 그림은 무엇을 하는 모습을 그린 건가요?"

"씨름하는 모습, 서당에서 공부하는 모습, 대장간에서 일하는 모습이요."

"홍도는 여간 개구쟁이가 아니었어요. 서당에 갔다 오기만 하면, 친구들과 어울려 동네를 휘젓고 다녔지요. 장난을 쳐서 어른들을 골탕 먹이기도 했고요. 홍도는 노는 거라면 누구에게도 뒤지지 않았어요"

"여기 그림책에 나오는 그림을 보세요. 홍도가 어디에 그림을 그리고 있나요?"

"땅바닥, 나무, 돌, 나뭇잎, 기와에 그렸어요."
"맞아요. 집이 가난해서 종이를 살 수 없었던 홍도는 담장에도 그림을 그렸어요. 김홍도는 우리 이웃들의 정다운 모습을 많이 그렸어요. 일하는 모습, 공부하는 모습, 노는 모습..."
"[김홍도] 그림책이 어땠나요?"
"유명 화가가 어렸을 때는 저처럼 개구쟁이였다는 것이 신기했어요. 얘들아, 나중에 나도 유명해 질 수도 있으니까 이따가 쉬는 시간에 줄 서서 사인 받아두셩. 선생님도 해 드릴게요."
"네, 대호님! 사인을 얼른 받아 놓아야겠네요. 하하"
나와 아이들 모두 한바탕 웃음을 터트렸다.

"지금은 종이가 싸고 흔한데, 옛날에는 종이가 비싸고 귀했다는 것을 알았어요. 옛날에는 제가 쓰는 이런 공책을 가진 사람이라면 엄청 부자였을 것 같아요. 왠지 제가 부자가 된 기분이에요."

독서 후 활동 - 운동장에 그림 그리기

"그럼 이제 우리 모두 김홍도가 되어 볼까요? 운동장에 나가서 운동장을 종이 삼아 그림을 그려 볼 거에요."

운동장에 나간다는 말에 모두 신이 났다. 운동장에 나가자마자 나뭇가지나 돌을 찾아 들고 그림을 그리기 시작했다.

그림을 아주 크게 그리는 아이도 있었고, 한 자리에 앉아서 작게 그리는 아이도 있었다. 색다른 그림 그리기 활동에 모두 즐거워했다.

"선생님, 제가 공룡을 열심히 그렸는데 이게 곧 지워질 거라서 슬퍼요."

"선생님이 사진을 찍어 줄게요."

그림이 지워지는 것이 아쉬운 아이들의 그림은 사진으로 찍어서 영원히 간직할 수 있게 해 주는 것이 좋다.

"교실로 들어가면서 그림을 그리기에 적당한 돌멩이와 나뭇잎을 주워 오세요. 돌멩이와 나뭇잎에도 그림을 그려 볼 거예요."

아이들은 모두 학교 숲으로 달려가 적당한 돌멩이와 나뭇잎을 찾아 교실로 들어갔다.

"김홍도는 붓으로 그림을 그렸겠지만 우린 네임펜을 이용하여 그림을 그려 볼 거예요."

아이들이 돌, 나뭇잎에 직접 그림을 그려봄으로써 창작자의 마음을 직접 느껴보고 창작의 쾌감을 느껴보는 것이 중요하다.

교과서 밖의 미술 감상

화가인 김홍도를 배우면서 교과서가 실리지 않은 더 많은 미술작품을 감상하는 것도 좋다.

관련 자료를 찾아 보여주고 의견을 들어보는 것도 좋은 수업이다.

아이처럼 그린 화가 주요 키워드

- 백남준, 피카소, 호안 미로, 울라 베이룸, 살바도르 달리
- 설치 미술 – 크리스토, 강익중, 이재효
- 팝아트, 네오팝아트 – 리히텐슈타인
- 그래피티 – 키스 해링, 바스키아

제프 쿤스 〈balloon flower〉

키스 해링 〈Best Buddies〉

[독서지도안]

김홍도 [독서지도안]			
단계	그림책 수업 주제	내용	활동
독서 전	우리 나라의 유명 화가는?	• 책 제목이 뭔가요? • 김홍도에 대해 알고 있나요? • 미술 교과서에 있는 김홍도 그림을 본 적이 있나요?	• 미술 교과서의 김홍도 그림 감상 • 풍속화에 대해 알기
독서 중	『김홍도』 그림책을 보면서 김홍도의 어린시절에 대해 알기	• 김홍도는 어떤 아이라고 생각하나요? • 김홍도는 어디에 그림을 그렸나요? • 내가 김홍도였다면 어떻게 했을 것 같나요?	• 옛날과 현재 비교하기 - 종이 - 학원 - 놀이
독서 후	1. 운동장에 그림 그리기	• 운동장을 종이 삼아 그림을 그려봐요. • 운동장에 그림을 그려본 느낌이 어떤가요?	- 운동장에 나가 자유롭게 그림 그리기 - 운동장에 그린 그림 사진 찍어주기
	2. 돌멩이, 나뭇잎에 그림 그리기	• 적당한 돌멩이와 나뭇잎 찾기 • 네임펜으로 돌멩이와 나뭇잎에 그림 그리기	- 돌멩이와 나뭇잎에 그림 그리기 - 친구 그림 감상하기
	3. 풍속화 그리기	• 풍속화란? • 김홍도처럼 풍속화를 그려 봅시다.(화선지, 붓펜, 색연필 등 활용)	- 풍속화 그리기 - 풍속화 감상하기(작은 미술관)

그림책으로 읽는 위인전

『스티븐 호킹』

스티븐 호킹 표지
제인 켄트 글, 이사벨 무노스 그림, 김영옥 옮김, 삼호에듀 발행(2019.08)

주어진 조건이나 환경보다 중요한 것은 꿈을 가지고, 그 꿈을 이루기 위해 노력하는 것이라고 알려 주고 싶었다.

그래서 선택한 책이 [스티븐 호킹] 그림책이다.

근육이 점점 굳어지는 루게릭 병을 앓으면서도 우주의 창조와 원리를 규명하는 데 평생을 바친 세계적인 물리학자 스티븐 호킹 박사에 대한 그림책이다.

특히, 우주의 블랙 홀의 정체성을 식별하고 이론적으로 입증하는 데 상당한 기여를 했다.

21세에 루게릭 병을 진단 받았고, 앞으로 2년을 넘기기 힘들다는 말을 들었다. 갑자기 닥친 불행에 처음엔 좌절하고 방황했지만, 곧 하루하루 최선을 다해 살아가자고 마음 먹었다.

불편한 몸을 장애로 생각하지 않고 76세로 생을 마감하기 전까지 많은 저서와 업적을 남긴 영국의 이론물리학자이다. 작은 어려움에도 쉽게 포기하는 아이들이 읽으면 좋을 그림책이다.

"스티븐 호킹이란 이름을 들어 본 적이 있나요?"
5학년쯤 되니 스티븐 호킹을 알고 있는 아이들이 꽤 있었다.
"마른 몸에 휠체어를 타고 다녔던 분이잖아요."
"네, 맞아요. 그럼 스티븐 호킹 박사가 어떤 위대한 업적을 남겼는지 아나요?"
이 질문에 자신 있게 대답하는 아이가 없었다.
"[스티븐 호킹] 책을 읽고 나면 왜 위인인지 알 수 있을 거에요."
"스티븐의 집에 있는 책장은 금세라도 터질 것처럼 책이 많았지요. 그만큼 스티븐의 가족들은 모두 책벌레였어요."
"선생님이 읽어주는 것을 들으면서 느꼈던 생각을 자유롭게 말해 주세요."
"근육이 굳어지면서 걷지도 못하고 연필을 잡을 수도 없었는데, 그 위대한 연구를 했다는 것이 놀라워요."
"몸이 점점 나빠지는데도 우주에 대한 열정이 식지 않았잖아요. 전 조금만 아파도 학원 빠지고 집에서 아무것도 안 하고 누워있는데…"

"루게릭 병이 그렇게 무서운 병인줄 처음 알았어요. 제가 건강한 것이 너무 감사해요."

아이들은 스티븐 호킹 박사님이 아픈 몸으로도 많은 업적을 남겼다는 것에 놀라워했다. 그러면서 자신이 건강한 것에 감사하고 있었다.

독서 후 활동 - 나의 위인전 만들기

"태어날 때부터 위인은 없어요. 호킹 박사님이 위대한 것은 고칠 수 없는 병을 앓고 있으면서도 늘 긍정적인 생각을 하고 열정적으로 연구했다는 거에요. 노력은 목표를 이룰 때까지 끊임없이 시도하는 것을 말해요. 여러분들도 여러분만의 훌륭한 역사를 만들어 갈 수 있는 거에요. 그런 의미에서 '나의 위인전'을 만들어 볼게요."

"나의 위인전이요? 전 위인이 아닌데요."

"지금은 아니지만 나중에 위인이 될 수도 있는 거잖아요? 자신의 자리에서 열심히 최선을 다해 사는 사람들도 모두 위인이에요. 위인이 된 나를 생각해 보면서 위인전을 만들어 볼까요?"

8절 도화지를 접어 간단히 책을 만들었다. 그런 후 안에 내용을 각자 채웠다. 미래에 자신이 되고 싶은 사람의 모습을 담은 각자의 위인전이 만들어졌다. 만들어진 위인전은 돌려 가며 읽었다.

탈무드에서는 배움을 '아이를 가르치고 싶으면, 좋은 선생을 찾아서 그 옆에 두는 것'이라고 말했다. 좋은 선생을 찾아주는 방법 중에 하나가 위인전이다.

아이들은 위인전을 읽으면서 자신도 모르게 책 속의 위인의 모습과 자신의 모습을 겹쳐서 생각하게 된다. 어려운 환경을 이기고 열심히 노력하여 성과를 내는 모습들을 보면서 마치 자기가 한 것처럼 여기게 된다. 그러면서 위인들의 훌륭한 점을 본받으려 하고 자신의 꿈을 키워가게 된다.

세상을 바꾼 위인들

- 일론 머스크 – 전기차를 보급하여 석유사용을 줄여 지구 환경에 도움을 주었고 국가지원을 받지않고 우주선을 발사하여 우주를 개척하고 있다.
- 스티브 잡스 – 스마트폰을 생각해 내고 만들어 4차산업을 이끌었다.
- 제프 베조스 – 인터넷 서점 '아마존'을 만들어 집에서 편하게 책을 살 수 있도록 했다.
- 마르크스 – '빈부격차의 대립'을 해소하려 했던 혁명적 철학자이다.
- 뉴튼 – 만유인력을 발견하여 지구의 중력이 달의 궤도까지 영향을 미친다고 증명하였다.
- 다윈 – 창조론에서 진화론을 주장하여 생각을 획기적으로 바꾸었다.

[독서 지도안]

스티븐 호킹 [독서지도안]			
단계	그림책 수업 주제	내용	활동
독서 전	앞 표지와 제목을 보고 드는 생각	• 스티븐 호킹이란 이름을 들어 본 적이 있나요? • 앞 표지의 스티븐 호킹 박사가 어떻게 보이나요? • 알고 있는 스티븐 호킹 박사의 업적은?	• 스티븐 호킹에 대한 배경지식 알아보기
독서 중	『스티븐 호킹』의 인상적인 부분 정리하기	• 스티븐 호킹 가족은 모두 무엇을 좋아했나요? • 스티븐 호킹 박사에게는 어떤 어려움이 있었나요? • 스티븐 호킹 박사가 왜 위대하다고 생각하나요?	• 책 내용을 마인드맵으로 정리하기
독서 후	1. 아픈 몸으로도 많은 업적을 남긴 스티븐 호킹 박사	• 내가 만약 스티븐 호킹 박사였다면? • 『스티븐 호킹』을 본 후 생각이나 느낌은? • 무언가를 포기하고 싶을 때 나한테 해 주고 싶은 말은?	− 나의 좌우명 만들기 − 나의 좌우명을 친구에게 소개하기 − 장애인으로서 위대한 업적을 남긴 분 알아보기
	2. 스티븐 호킹 되어보기	• 스티븐 호킹의 역할을 할 사람을 의자에 앉히고 궁금한 점 물어보기 • 스티븐 호킹의 감정변화나 상황 파악하기	• 핫 시팅 토론하기 − 스티븐 호킹 박사에게 묻고 싶은 것은?
	3. 나의 위인전	• 미래의 나의 모습을 상상해 보세요. • 미래에 어떤 사람이 되고 싶나요?	− 나의 위인전 책 만들기

역사도 그림책이다

『첫 나라 고조선』

첫 나라 고조선 표지
민은홍 글, 이다운 그림, 여원미디어 발행(2009.)

5학년 2학기 사회책은 모두 역사이다. 한 학기 동안 고조선에서부터 6.25전쟁까지 배운다. 내용이 너무 함축적이라 아이들이 어려워한다. 어려우니 지루하고, 지루하니 집중을 못 하게 된다.

그래서 역사 수업에도 그림책을 활용한다.

역사적인 내용을 이야기 들려주듯이 그림책을 읽어주면 잘 이해하며 집중해서 듣는다. 그래서 2학기 사회 수업은 역사 그림책 읽어주기로 시작하고, 사회 시간마다 학습 내용에 맞는 역사 그림책을 읽어 준다.

"오늘 사회 시간에 배울 내용은 뭐에요?"

"고조선의 건국과 발전과정 알아보기입니다."

"오늘 배울 부분을 각자 한 번씩 읽어 보세요."

교과서 내용을 먼저 읽고 그림책을 읽어 줘도 되고, 반대로 그림책을 먼저 읽어 주고 교과서를 봐도 된다. 두 가지 방법 모두 교과서 내용을 이해하는데 도움이 된다.

"무슨 말인지 하나도 모르겠어요. 읽어도 이해가 안 돼요."

역시 예상했던 대호였다.

"좀 어려운 내용이죠. 그래서 오늘 배울 내용과 관련된 그림책 [첫 나라 고조선]을 읽어줄게요. 교과서에서 읽었던 내용이 이야기로 나올거에요. 잘 들어보세요. 농업과 목축이 발달하면서 먹을거리가 남게 되었어요. 남의 것을 빼앗기 위한 전쟁에서 청동 무기가 엄청난 위력을 발휘했어요."

뒤에 앉아 있는 아이들은 그림을 자세히 볼 수 없다. 그래서 그림은 실물화상기로 보여 주었다. 숨은 그림 찾듯이 선생님이 말하는 것을 그림에서 찾아보라고도 했다. 그냥 보는 것보다 더 재미있어 한다.

6개의 소제목이 있는 꽤 글밥이 많은 그림책이다.

독서 중 활동 - 돌발 퀴즈

한 번에 쭉 읽어주면 힘들이 할 것 같아 중간 중간 돌발퀴즈를 냈다.

돌발퀴즈 문제는 한 명씩 돌아가며 아이들이 냈다. 문제를 내야 하니 아이들은 좀 더 집중해서 듣는다. 들은 내용이 잘 기억나지 않는 아이는 그림책을 보면서 낼 수 있게 해 주었다.

"자 돌발퀴즈입니다. 첫 번째 퀴즈는 수진이가 내 주세요."

"음, 청동기 마을은 벼농사를 중심으로 하는 무슨 사회였나요? 힌트는 두 글자입니다."

아이들은 각자 가지고 있는 화이트보드에 바로 답을 쓴다. 틀린 아이, 맞은 아이를 구분하지 않고 스스로 알고 있는지 모르고 있는지만 체크하게 한다.

선생님이 책을 읽어 주고 중간 중간 아이들이 돌발퀴즈를 내다보니 어느새 그림책 한 권을 다 읽는다.

"사회책에는 글로만 간단히 적혀 있어 무슨 말인지 이해가 안 됐어요. 그림과 이야기로 들으니 이해가 잘 돼요."

"사회책에 있는 그림과 비슷한 그림도 있어요."

"제사를 지내는 모습이 이상했어요."

"단군왕검 이야기를 들을 때는 옛날이야기 듣는 것 같았어요."

"가족들과 여행 갔을 때 봤던 고인돌이 나와서 반가웠어요."

"고조선에 법이 있었다는 게 신기했어요. 무서운 법인 것 같아요."

돌발 퀴즈

1) 고조선은 누가 지은 어느 책에 처음 기록되었나요?
2) 고조선을 세운 사람들은 어디에서 왔다고 추측되나요?
3) '단군'의 뜻은 무엇인가요?
4) 고조선 지역에서 주로 발견되는 유물은 무엇인가요?
5) 고조선의 법을 통해 무엇을 알 수 있나요?
6) 기원전 2세기에 중국에서 한반도로 온 이주민의 대장 이름은?

정답

1) 일연의 삼국 유사

2) 한반도 북쪽 지역

3) 제사를 담당하는 사람

4) 칼날이 뾰족하고 중간이 불룩한 비파형 동검, 탁자모양의 고인돌

5) 생명중시, 사유재산, 농경사회, 계급의 존재

6) 위만

[독서 지도안]

첫 나라 고조선 [독서지도안]			
단계	그림책 수업 주제	내용	활동
독서 전	책 제목을 보고 내용 짐작하기	• 오늘 사회 시간에 배울 내용은 무엇인가요? • 책 제목을 보니 어떤 내용일 것 같나요?	• 사회 시간에 배울 내용 확인하기
독서 중	그림을 통해 역사 이해하기	• 실물화상기로 보이는 그림을 보고 선생님이 말하는 것을 찾아보세요. • 한 명씩 돌아가며 책 내용과 관련된 문제를 내 주세요. • 사회책에 있는 내용과 그림책 내용을 비교하기	• 돌발퀴즈 내기 - 한 명씩 돌아가며 내기 - 화이트보드에 답 쓰기
독서 후	1. 초성퀴즈	• 오늘 배운 내용을 떠올려 보세요. • 그림책 내용에 어울리는 것을 초성에 맞게 이야기하기	- 테마틱(초성퀴즈 보드게임) 활용하기
	2. 내가 만약 그 시절 사람이었다면?	• 고조선 시대에 살고 있는 사람의 입장에서 일기 써 보기 • 다른 친구의 일기 들어보기	- 일기쓰기
	3. 오늘 배운 내용 정리하기	• 오늘 배운 역사 내용과 관련하여 만화로 표현 해 보세요. • 만화의 제목을 정하고 말주머니도 넣어 보세요.	• 만화 그리기

별자리에 얽힌 옛이야기

『북두칠성이 된 일곱 쌍둥이』

북두칠성이 된 일곱 쌍둥이 표지
서정오 글, 서선미 그림 / 봄봄출판사 발행(2015.06)

5학년 1학기 과학교과 '태양계와 별' 단원에 별과 별자리에 대해서 알아보는 차시가 있다. 아이들에게 익숙하지 않은 내용이고, 밤하늘을 보아도 별자리를 찾기 쉽지 않다. 별자리의 이름도 생소하고 과학시간에 배운 별자리를 당장 찾아볼 수도 없다.

그래서 그 중에 하나라도 기억하고 찾을 수 있게 해 주는 것이 더 효과적일 것 같았다.

"오늘 과학 시간엔 선생님이 옛날이야기를 들려 줄거에요. 제목은 '북두칠성이 된 일곱 쌍둥이'이에요. 제목을 들어보니 어떤 이야기일 것 같나요?"

"왠지 '해와 달이 된 오누이' 이야기와 비슷할 것 같아요."

"일곱 쌍둥이가 너무 친해서 하늘나라에 가서도 북두칠성이 되어 함께 있게 되는 이야기일 것 같아요."

이 그림책은 우리 입말을 그대로 살린 정겨운 옛이야기 그림책이다. 신비로운 색감의 그림과 일곱 쌍둥이의 모험이 아이들의 상상력을 자극하는 그림책이다.

하늘나라 칠성님과 땅나라 옥녀부인이 혼인한 지 10년이 지나도록 아이가 없었다. 뒷뜰에 단을 쌓고 신령님께 공을 들여 아이를 낳게 되었는데, 일곱 쌍둥이를 낳은 것이다.

아버지 칠성님이 기겁을 하며 혼자 하늘나라로 훌쩍 올라가 새장가를 들었다. 옥녀부인 혼자 일곱 쌍둥이를 키우는데 일곱 쌍둥이가 아버지 없다고 놀림을 받자 아버지가 있는 곳을 알려준다.

일곱 쌍둥이는 옥녀부인만 남겨두고 아버지를 만나러 하늘나라로 간다. 칠성님은 일곱 쌍둥이를 반갑게 맞아들였고, 일곱 쌍둥이는 칠성님 사랑을 듬뿍 받으며 하늘나라에서 지냈다. 그걸 본 후실 부인이 질투를 하고 일곱 쌍둥이를 없앨 계략을 꾸몄으나 잘 되지 않아 분하여 팔짝팔짝 뛰다가 결국 두더지가 되었다.

일곱 쌍둥이가 하늘나라로 옥녀부인을 모시고 와서 아홉 식구가 같이 살게 되었고, 일곱 쌍둥이는 밤하늘을 지키는 북두칠성이 되었다.

"해와 달이 된 오누이와 다른 내용이네요."

"옥녀부인이 참 대단한 것 같아요. 일곱 쌍둥이를 혼자서 키우다니. 그것도 아들만 일곱이잖아요. 저희 엄마는 3형제 키우는 게 너무 힘들다고 친척들에게 말씀하시던데요."

"칠성님이 일곱 쌍둥이를 안 반가워할 것 같았는데, 반갑게 맞아 주어서 기분이 좋았어요."

옛날 이야기는 요즘 시대와 잘 맞지 않는 부분이 있어 재해석하여 지도하는 것이 좋다.

일곱쌍둥이는 흔하지 않은 일이라 환타지성이 있고 아버지 칠성님이 하늘로 간 것과 일곱 아들이 어머니를 남겨두고 하늘로 간 것에 대해서도 무책임한 행동이라고 비판적으로 읽을 줄 알아야 한다.

후실부인이 질투하여 아이들을 없앨 계략을 꾸미는 것은 현대에도 비슷한 사건이 뉴스에 나오지만 아주 드문 일이고 자상한 새엄마도 많다는 새로운 가족관을 알려주어야 한다.

독서 후 활동 - 자기 별자리 그리기

"오이반도 자신만의 멋진 별자리를 만들어봐요. 자신만의 별자리를 상상하여 그리고 별자리의 이름도 지어 주세요."

아이들은 예상보다 빨리 별자리를 그렸다.

"제가 그린 별자리는 어피치 별자리에요."

"전 축구골대 별자리를 그렸어요."

"전 공룡 별자리를 그렸어요."

아이들은 각자 자기가 좋아하는 것들을 별자리로 그렸다.

"이제 내가 그린 별자리에 이야기를 만들고 친구들에게 들려주기 할 거에요."

이 활동은 2가지를 배울 수 있는데 이야기를 만드는 것은 상상력과 스토리텔링 실력을 길러주고 들려주기는 전달력을 길러준다.

[독서 지도안]

	북두칠성이 된 일곱 쌍둥이 [독서지도안]		
단계	그림책 수업 주제	내용	활동
독서 전	책 제목을 보고 내용 짐작하기	• 책 제목을 보니 어떤 내용인 것 같나요? • 북두칠성에 대해 알고 있는 것이 있나요?	• 책 내용 짐작하기
독서 중	『북두칠성이 된 일곱 쌍둥이』 내용 파악하고, 인상적인 부분 정리하기	• 책 제목을 보고 짐작했던 내용과 비교하기 • 내가 만약 옥녀부인이라면 어땠을까? • 아버지 없이 자라는 일곱 쌍둥이는 어땠을까? • 하늘나라 칠성님은 어떤 사람일까?	• 상황극 해 보기 – 내가 일곱 쌍둥이였다면 – 내가 옥녀 부인이었다면 – 내가 칠성님이었다면
독서 후	1. 별자리에 대해 더 알기	• 북두칠성 별자리에 대해 더 알아봅시다. • 교과서에 나오는 다른 별자리에 대해 더 알아봅시다.	– 별자리에 대해 알아보기 – 별자리에 대해 정리하기 – 별자리와 그리스신화의 관계 알아보기
	2. 자기 별자리 그리기	• 자신만의 별자리를 상상하여 그리기 • 별자리의 이름 짓기	– 자기 별자리 그리기 – 친구들에게 별자리 소개하기
	3. 내 별자리에 얽힌 이야기는?	• 자신이 그린 별자리에 얽힌 이야기를 상상하여 글로 써 보세요.	– 자기 별자리 이야기 짓기 – 내가 지은 이야기를 친구들에게 들려주기

나도 작가

『산책』

산책 표지
다니엘 살미에리 글·그림, 이순영 옮김, 북극곰 발행(2018.11)

아이들이 그림책을 읽기만 하는 것도 좋지만, 아이들이 직접 그림책 작가가 되어 보는 것도 좋다. 글 없는 그림책을 보고 이야기를 지어 보는 것도 좋고, 글과 그림이 있는 그림책의 그림만 보고 이야기를 지어 보는 것도 좋다. 이렇게 하면 그림을 자세하게 보게 되고, 아이들의 상상력을 자극하게 된다.

오늘 국어 '글쓰기의 과정' 단원에서는 그림책 작가가 되어 보는 수업을 해 볼 생각이다. 그래서 준비한 책이 [산책] 그림책이다. [산책]은 양면으로 넓게 그림이 그려져 있고, 그림이 마치 미술작품을 보는 것처럼 예쁘게 그려져 있다. 이 그림책은 그림 위에 글이 써져 있지 않고, 그림 아래 부분에 따로 글이 써져 있다. 그래서 그림만 인쇄해서 주기에도 좋다.

독서 전 활동 - 그림책 작가 되기

"선생님이 매번 그림책을 읽어주었지만, 오늘 국어시간엔 그렇게 하지 않을 거예요. 오늘은 여러분이 그림책 작가가 되어 볼거예요. 이야기를 다 지은 다음엔 다른 모둠 친구들과 선생님에게 자기 모둠의 그림책을 읽어주면 되요."

"저희가 그림책 작가가 된다고요?"

놀란 얼굴로 희진이가 물었다.

"네. 혼자 하면 힘드니까 모둠 친구들과 모여서 이야기를 지어 보는 거예요. 그림의 순서 및 책 제목도 모둠 친구들과 함께 상의해서 정해 보세요."

"어려울 것 같기도 하고, 재미있을 것 같기도 해요."

"아마, 잘 할 수 있을 거예요. 먼저 책상을 움직여 모둠별로 모여 주세요. 그 다음에 여러분이 만들 그림책의 그림을 나눠 주도록 할게요. 다 준비 되었죠? 그럼, 지금부터 그림 한 묶음씩 받고 모둠 친구들과 이야기를 지어 볼까요?"

"양면으로 넓게 그림이 그려져 있어서, 순서 정하기기 좀 더 쉬워요."

모둠별로 모여 앉아 신나게 이야기를 나누고 있다. 모둠 활동을 주도하는 아이가 있고, 그냥 따라가는 아이도 있다.

모둠 활동을 많이 해 보아서 그런지 한 명씩 돌아가며 각자의 의견을 자연스럽게 잘 이야기한다. 의견이 모아진 대로 그림의 순서를 먼저 정하고, 이야기를 짓기 시작했다.

이야기를 짓는 것이 재미있는지 중간 중간 깔깔거리며 웃는 소리가 들린다. 근데, 생각보다 시간이 많이 걸릴 것 같다. 다음 시간까지 넘어가더라도 시간을 충분히 주도록 해야겠다. 재촉하다보면 서둘러 이야기를 마무리 지을 것 같기 때문이다.

모둠별로 지은 그림책 이야기를 들을 차례이다. 내가 더 기대하고 있는 것 같다. 심장이 쿵쾅거리기까지 한다. 가끔 아이들이 지은 글이나 시를 들으면 감탄이 절로 나오기 때문에 그런 것 같다.

"이제 모둠별로 그림책을 읽어 줄 시간이에요. 어느 모둠부터 할까요?"

"선생님, 저희 모둠이요."

대호가 번쩍 손을 들었다.

"대호가 나와서 대호네 모둠의 그림책을 읽어주세요."

"제목은 '사냥'입니다. 봄이 되었어요. 꽃이 피고 새싹이 자라고 있어요. 곰과 늑대가 숲 속 한가운데 약속 장소에서 만났어요. 오늘 같이 사냥을 하기로 했거든요. 둘은 어슬렁어슬렁 산길을 걸어갔어요. 그런데 잘 잡히지가 않았어요. 아기곰, 아기늑대라서 사냥 실력이 별로 안 좋았거든요. 그렇게 시간이 흘러 겨울이 되었어요. 눈이 내리는 날에도 둘은 만나서 사냥을 떠났어요. 둘은 마주보며 '오늘은 꼭 사냥에 성공해 보자'라고 말했어요. 하늘을 쳐다보며 '하나님, 오늘은 꼭 물고기라도 잡을 수 있게 해 주세요'라고 기도를 하기도 했어요. 나뭇가지 위에 새 한마리가 앉아 있었어요. 둘은 새를 잡으려고 했지만, 새는 어느새 멀리 날아가 버렸어요. 물고기를 잡기 위해 강이 있던 곳으로 갔어요. 강이 꽁꽁 얼어 있었어요. 눈을 치우자 그 속에 물고기들이 보였어요. 그러나 그것도 그림의 떡이었어요. 얼음이 너무 꽁꽁 얼려있고, 둘은 힘이 별로 없었거든요. 둘은 할 수 없이 내일 또 사냥을 하기로 하고 집으로 돌아갔어요. 쿨쿨 잘 자고 일어나니 힘이 솟아났어요. 그래서 드디어 힘을 모아 사슴을 잡게 되었어요. 끝."

"와~ 재미있게 잘 지었네요. 대호네 모둠에게 칭찬의 박수를! 선생님은 대호네 모둠이 한 명도 빠짐없이 잘 참여한 것에 더 큰 칭찬을 해 주고 싶어요."

이어서 다른 모둠도 발표를 했다. 모두 다른 이야기들이 그럴듯하게 잘 지어졌다. 물론, 그림과 잘 어울리지 않는 이야기도 좀 있긴 했지만, 전체적으로 이야기는 잘 짜여졌다.

제목도 다 달랐다.

'우리는 친구', '둘만의 데이트', '용감한 친구', '숲의 사계절', '함께 떠나요' 등 다양했다.

"오늘 작가가 되어보고, 다른 모둠의 이야기를 들어보니 어땠나요?"

"원래 이야기가 궁금해요."

"음…여러분의 이야기도 너무 좋아서 원래 이야기를 들려주지 않으려고 했는데, 여러분이 간절히 원하니까 읽어 줄게요. 일단 제목은 [산책]이랍니다."

[산책]의 내용을 요약하면 어느 고요한 겨울, 곰은 산책을 나왔다. 새

하얀 눈밭 저쪽에 늑대도 산책을 나왔다. 꼬마 곰, 꼬마 늑대인 둘은 눈과 귀와 코로 눈 내리는 풍경을 느끼며 함께 눈밭을 걸었다. 넓고 푸른 호수에 다다르자 눈이 잦아들었고, 곰과 늑대는 헤어져 서로 다른 길을 떠났다. 아기 곰은 겨울잠을 자러 가고, 아기 늑대는 순록을 쫓으며 겨울을 보낸다. 시간이 흘러 봄이 되자 아기 곰과 아기 늑대가 산책을 떠나는 것으로 이야기는 끝난다.

"아~ 그러고 보니 산책하는 그림인 것 같아요."

"그렇지만, 여러분이 지은 이야기도 좋아요."

글 없는 그림책은 볼 때마다 다른 이야기들이 떠오른다. 그러기 때문에 볼 때마다 새로운 책을 읽는 느낌이 든다.

글 있는 그림책은 글을 제외한 그림만 가지고 이야기를 지어 본 후 원작과 비교해 보는 재미가 있다. 같은 그림을 가지고 다른 이야기가 나오는 게 재미있다. 그러면서 아이들은 어휘력도 좋아지고 상상력도 좋아진다.

[독서 지도안]

산책 [독서지도안]			
단계	그림책 수업 주제	내용	활동
독서 전	그림을 보고 이야기 짓기	• 모둠 친구들과 그림을 보고 이야기를 지어 보세요. • 그림의 순서 및 책 제목도 정해 보세요.	• 그림책 작가 되기 - 모둠 친구들과 의견을 주고 받으며 함께 이야기 짓기 - 모둠별로 발표하기
독서 중	모둠에서 지은 이야기와 원래 그림책 『산책』 제목 및 내용 비교하기	• 우리 모둠에서 지은 제목과 원래의 책 제목 비교하기 • 꼬마 곰과 꼬마 늑대가 만나서 무엇을 하는지 파악하기 • 원래 책 내용을 들으니까 드는 생각은?	• 모둠에서 지은 이야기와 원래 그림책 내용 비교하기
독서 후	1. 그림책에 대해 알기	• 글 없는 그림책에 대해 알고 있나요? • 그림책에서 글과 그림의 역할은?	- 그림책의 종류 알기 - 글 없는 그림책 보여주기
	2. 각 모둠의 그림책 전시하기	• 『산책』그림책과 함께 사물함 위에 모둠별 그림책 전시하기 • 내가 그림책을 산다면 어느 모둠의 그림책을 사고 싶나요?	- 그림책 전시하기 - 그림책 읽기 - 가장 마음에 드는 그림책 투표하기
	3. '산책'이란 제목으로 새로운 그림책 만들기	• '산책'이란 제목에 어울리는 이야기 상상하기 • 이야기에 맞는 그림 그리기	• '산책' 이란 제목의 새 그림책 만들기

인권 교육

『사라, 버스를 타다』

사라, 버스를 타다 표지
윌리엄 밀러 글, 존 워드 그림, 박찬석 옮김, 사계절 발행(2004.09)

　5학년 1학기 도덕 시간에 인권에 대해서 배운다. 인권의 의미와 인권 존중의 중요성을 알고 작은 것부터 실천하기 위해서다.
　장애를 가졌다고 차별하는 것, 피부색이 달라서 차별하는 것, 생김새나 능력의 차이로 차별하는 것 등 다른 것은 차별해야 될 것이 아니라 그대로 인정해야 될 것이란 것을 강조한다.

인간은 모두 존엄한 존재이기 때문에 누구나 편안하고 행복한 삶을 누릴 권리가 있다. 이번에 읽어 줄 그림책은 미국 흑인 인권 운동의 촉발점이 된 로사 팍스의 실제 이야기를 바탕으로 한 그림책 [사라, 버스를 타다]이다.

"인권이 뭔지 설명해 줄 수 있나요?"

"인간의 권리를 줄여서 인권이라고 하는 것 같아요."

수경이가 대답했다.

"맞아요. 더 자세하게 말하면 사람이라면 누구나 태어나면서부터 당연히 가지는 기본적인 권리를 뜻해요."

"선생님 무슨 말인지 잘 모르겠어요. 설명이 더 어려운 것 같아요."

"국어사전에 나와 있는 인권의 뜻을 말한 것인데 좀 어렵죠? 기본적인 권리가 뭔지 알면 이해하기 더 쉬울 거에요. 기본적인 권리는 누구나 행복하게 살 권리, 차별받지 않을 권리, 자유로울 권리 같은 것이에요. 인간이라면 다른 사람들과 다르다고 차별받으면 안 되는 것이지요. 보통의 사람들과 좀 다른 사람들은 어떤 사람들일까요?"

"장애를 가진 사람이요."

"피부색이 다른 사람이요."

"생김새가 다른 사람들이요."

"맞아요. 다른 것은 틀린 것이 아닌데, 다르다고 차별하면 차별 받는 사람들은 많이 억울하겠죠? 이 그림책은 실제 이야기를 바탕으로 쓴 그림책이에요. 바로 [사라, 버스를 타다]입니다. 제목과 표지를 봐주세요."

"아이의 표정이 뭔가 자랑스럽다는 표정이에요."

"얼굴도 검은데 옷도 우중충한 색으로 입었네요. 옷도 커 보여요. 딱

맞는 옷이 예쁜데…"

"미정아, 주인공은 왜 우중충한 옷을 입고 있을까요?"

"그건 저도 모르죠. 그냥 그런 옷이 좋은가보죠."

"그럴까요? 책 내용을 잘 들어 보세요."

[사라, 버스를 타다] 그림책은 1950년대 미국 남부에서 있었던 실제 이야기를 담고 있다.

이 시절, 흑인들은 버스 앞자리에 앉을 수 없었다. 흑인들은 언제나 백인들과는 구분되어 뒷자리에 앉았다.

그러던 어느 날 아침, 사라는 버스 앞쪽 자리가 얼마나 좋은 곳인지 알아보기로 마음 먹었다. 앞쪽 끝까지 가서 운전사 옆자리에 앉았더니, 운전사가 버스를 세워 경찰관을 데리고 왔다.

결국 사라는 경찰서에 가게 되고 이 사건은 신문의 첫 장을 장식하게 된다. 이로 인해 '흑인들은 버스 앞자리에 앉을 수 없다'는 법이 없어지고, 흑인들도 당당히 앞자리에 앉을 수 있게 되었다.

"여러분에게 황인종이라고 뒷자리에만 앉으라고 하면 어떨 것 같아요?"

"너무 화날 것 같아요. 같은 사람인데, 누구는 앞자리에 앉고 누구는 뒷자리에 앉고. 그런 것이 어디 있어요?"

"사라의 행동이 경찰관에게 끌려갈 행동인가요?"

"아니요. 뒷자리에 앉았다고 끌려간다니…"

"선생님, 사라가 정말 멋있어요."

갑자기 소정이가 큰 소리로 말했다.

"그렇죠? 어떤 점이 멋있나요?"

"누가 뭐라 해도 잘못된 것에 대해 당당히 맞섰잖아요."

"여러분도 차별받아 본 적이 있나요?"

"저희 할머니는 제가 여자고 동생이 남자라고 동생만 예뻐해요. 그것도 차별 아닌가요? 남녀차별이잖아요."

"맞아요."

"제가 키가 작다고 놀리는 것도 차별이죠. 키가 큰 것이 좋고 키가 작은 것은 나쁘다고 차별하는 거잖아요."

"어른들이 어린이라고 차별하셔요. 어린이는 안 된다고 하시고, 어린이는 몰라도 된다고 하시고…"

"그럼, 우리 반이 인권 존중의 반이 되기 위해 어떤 것을 실천해야 될까요?"

"남자, 여자 차별하지 않아요."

"힘든 친구들을 도와주는 것은 차별이 아니라 당연히 그렇게 해야 되는 것이라고 생각해요. 그러니까 힘든 친구를 도와주는 것도 인권 존중이라고 생각합니다."

역시 똑똑한 수진이다.

독서 후 활동 – 영상 만들기

"우리 오이반 친구들은 인권을 존중하는 방법을 잘 알고 있네요. 우리 교실은 앞으로 인권 존중의 반이 되겠어요. 그럼 지금부터 인권을 존중하는 오이반을 홍보하는 유튜브 영상을 찍어 볼게요. 모둠별로 스마트폰을 활용하여 영상을 찍고, 다 찍으면 선생님께 전송해 주세요."

유튜브 영상을 많이 보아서 그런지 특색 있는 영상이 꽤 많이 나왔다. 아이들 모두 열심히 영상을 찍었기 때문에 모든 영상을 유튜브에 올려 주었다. 인권 존중이라는 것이 자신이 매일 만나는 친구들을 존중하는 것에서부터 시작되는 것을 깨닫게 된다.

공익광고로 인권 배우기

주변에서 접할 수 있는 공익광고를 찾아 보게 하여 직접 찾은 광고를 발표하면 더 인상깊고 자연스럽게 인권 공부가 될 것이다.

[독서 지도안]

	사라, 버스를 타다 [독서지도안]		
단계	그림책 수업 주제	내용	활동
독서 전	책 제목과 앞 표지를 보고 드는 느낌과 생각은?	• 인권이란 무엇인가요? • 보통의 사람들과 좀 다른 사람들은 어떤 사람들일까요? • 앞 표지에 보이는 사라를 보니 사라는 어떤 아이인 것 같나요?	• 도덕 교과서에서 배울 내용 확인하기 - 인권의 의미 알기 - 차별 받고 있는 사람들에 대해 알기
독서 중	『사라, 버스를 타다』를 읽으면서 궁금한 점이나 인상적인 부분은?	• 1950년대 미국 남부에서 흑인을 어떻게 대했나요? • 피부색이 다른 것이 차별 받아야 하는 이유가 되는가? • 차별 받는 사람의 기분은 어떨까?	• 토론 • 상황극 하기 - 내가 사라였다면 - 내가 버스 운전사였다면 - 내가 사라의 엄마였다면
독서 후	1. 감정 이입하기	• 황인종이라고 차별한다면 어떨 것 같나요? • 황인종이라고 차별 받았던 사람들의 이야기 들려주기 • 차별 받아 본 경험 이야기 하기	- 경험 나누기 - 다양한 사례 들으며 감정 이입하기
	2. 우리 반에서 지켜져야 할 인권	• 우리 반에서 차별 받아본 경험 이야기 하기 • 우리 반에서 인권을 지키려면 어떤 것을 실천해야 되나요?	- 토론하기 - 우리 반에서 지켜져야 할 인권 목록 작성하기 - 공익광고로 인권배우기
	3. 우리 반 홍보 영상 만들기	• 인권을 잘 지키는 우리 반을 홍보하는 영상을 만들어 봅시다.	• 우리 반 인권 영상 찍기 - 스마트폰으로 찍기 - 함께 보기

PART II

1. 그림책으로 행복한 가족
2. 그림책을 통한 마음나누기

1. 그림책으로 행복한 가족

책 읽어 주기

아침 활동 시간이었다.

"선생님, 제가 도서관에 갔다가 이 책을 발견했어요."

도서관에 다녀온 대호가 흥분하며 말했다. 대호가 보여준 책은 [너는 특별하단다] 그림책이었다.

"선생님께서 우리한테 읽어 주셨잖아요. 선생님이 읽어주실 때 참 감동적이었거든요. 헤~ 그래서 또 읽어 보고 싶어서 빌려 왔어요. 동생한테도 읽어줄 거예요."

"대호 동생은 몇 학년이야?"

대호 동생이 몇 학년인지 알고 있었지만 대호와 말을 더 하고 싶어 물어 보았다.

"우리 동생이요? 1학년이에요."

"대호는 동생을 참 좋아하나보네. 좋은 것을 보면 좋아하는 사람이 생각나게 되어 있거든."

"뭐 좋아하는 편이죠. 제 말을 안 들을 때는 미운데, 그래도 귀여워요. 얼마나 예쁜데요. 선생님 우리 동생 본 적 있으세요?"

"아니, 못 봤는데? 여동생이야? 남동생이야?"

"예쁘다니깐요. 당연히 여동생이죠. 여동생이라 나중에 축구를 같이 할 수 있을지 모르겠어요."

"대호가 축구를 잘 하니까 동생에게 가르쳐 주면 되겠다. 여동생도 축구를 잘 할 수도 있어."

"우리 동생은 저를 무척 좋아한다요. 맨날 저만 따라 다녀요. 오빠가 좋다면서요."

"대호가 동생에게 인기가 많구나! 동생한테 책도 많이 읽어주는 거야?"

"우리 동생도 혼자 읽을 수 있는데, 제가 읽어 주면 더 재미있어 해요. 작년까지는 엄마가 동생한테 책을 많이 읽어주셨는데 이제 혼자 읽으라고 잘 안 읽어 주세요. 그래서 제가 몇 번 읽어 줬더니 너무 좋아하더라구요."

"그래서 동생에게 읽어 줄 책을 빌려 왔구나!"

"저도 동생에게 읽어주는 게 재미있어요. 그냥 혼자 읽을 때보다 동생한테 읽어 줄 때 더 이해가 잘 되는 것 같아요"

"그치? 사실 선생님도 혼자 읽을 때보다 너희들에게 책 읽어 줄 때가 이해가 더 잘 돼"

대호와 눈을 마주치며 웃었다. 대호는 여동생을 정말 아끼는지 계속 '우리 동생'이라고 했다. 운동을 좋아하고 장난기가 많아서 무뚝뚝할 것 같은데 의외로 대호는 정이 많은 아이다.

대호가 동생한테 책을 읽어 준다고 해서 참 기특하고 기분이 좋았다. 누군가를 가르치면서 가르치는 사람이 더 많이 배우듯이 동생에게 책을 읽어 주면서 대호가 더 책을 좋아하게 될 것이기 때문이다.

부모님 어릴 적 이야기 듣기

『우리 할아버지가 꼭 나만했을 때』

우리 할아버지가 꼭 나만했을 때 표지
주경호 글·그림, 보림 발행(1999.09)

이 그림책은 우리 큰 애가 어렸을 때 무척 좋아했던 그림책이다. 못 부르는 노래를 열심히 불러 주면서 읽어 주었던 그림책이기도 하다. 또, 나의 어린 시절을 생각하게도 했던 그림책이다.

바로 [우리 할아버지가 꼭 나만했을 때] 그림책이다. 인형으로 꾸민 정감있는 그림과 도란도란 이야기가 담긴 전래동요 그림책이다.

부모님의 어린 시절 생활 모습과 지금 아이들의 생활 모습은 많이 다르다. 부모님 어린 시절엔 동네 구석구석 돌아다니며 함께 모여서 뛰어 놀기도 하고, 산과 들을 다니며 자연에서 놀기도 했다.

 "오늘 음악 시간에 배울 내용이 전래동요에 대한 것이죠? 그래서 선생님이 전래동요가 담긴 그림책을 준비했어요. 바로 [우리 할아버지가 꼭 나만했을 때]랍니다."

 "표지 그림이 참 특이해요. 그림을 그린 것 같지도 않고, 그렇다고 실제 모습을 찍은 사진도 아닌 것 같아요."

 "맞아요. 이 그림책의 뒤쪽에 그림에 대한 설명이 나와 있는데요. 이 책에 나오는 인형은 모두 작가가 점토로 빚은 뒤, 직접 물들인 헝겊을 바느질하여 옷을 입혔데요. 집과 마을, 풀과 나무 등의 배경은 점토, 종이, 나무, 풀, 꽃, 밀가루, 흙, 돌, 솜, 깡통 등 온갖 재료로 꼼꼼하게 꾸몄다고 나와 있어요."

 "그래서 그런가? 그림에 나오는 인형들이 참 귀엽고 정감이 가요."

 "할아버지가 해 주시는 어린 시절 이야기 들어봤나요?"

 "우리 할아버지는 수박 서리하신 이야기를 수박 먹을 때마다 하시는 것 같아요."

 "선생님도 이 그림책을 읽으면서 선생님 어린 시절 생각을 많이 했어요. 제목이 '우리 할아버지가 꼭 나만 했을 때'이지만 여러분 부모님이 꼭 여러분만 했을 때도 비슷한 모습이셨을 것 같아요. 이 그림책은 선생님 큰 딸이 어렸을 때 많이 읽어 주었던 그림책이기도 해요. 전래동요 그림책이라 노래하듯이 읽어 주었어요. 지금도 그렇게 읽어줄 건데요, 선생님 노래 실력이 좀 안 좋더라도 이해하고 들어 줄거죠?"

 "하하. 선생님 걱정하지 마시고 읽어 주세요."

온유가 호기롭게 말했다.

"온유, 고마워요. 자 그럼 읽기 시작합니다. 앞산에는 빨간 꽃요, 뒷산에는 노란 꽃요, 빨간 꽃은 치마 짓고, 노란 꽃은 저고리 지어, 풀 꺾어 머리 하고, 가지 꺾어 비녀 꽂고, 게딱지 솥을 걸어, 흙가루로 밥을 짓고, 솔잎일랑 국수 말아, 풀각시를 절 시키세, 풀각시가 절을 하면, 망건을 쓴 신랑일랑, 꼭지 꼭지 흔들면서, 밥주걱에 물 마시네."

"선생님, 뭔가 랩 하시는 것 같아요~"

[우리 할아버지가 꼭 나만했을 때] 그림책에는 27개의 전래동요가 실려 있다.

인형으로 꾸민 그림과 함께 이야기가 담긴 전래동요가 실려 있어서, 마치 이야기를 듣고 있는 듯한 전래동요 그림책이다.

소꿉놀이, 숨바꼭질 놀이, 고기잡이, 손등에 모래쌓기 놀이 등 다양한 놀이 모습과 함께 전래동요를 들려줄 수 있는 그림책이다.

"노래가 뭔가 이야기 같아요."

"제가 들어본 노래도 있어요. 두껍아 두껍아, 헌 집 줄게 새 집 다오~ 이 전래동요는 들어봤어요. 바닷가 갔을 때 아빠랑 이 노래 부르면서 손등에 모래를 올려놓았었어요."

"말놀이하는 듯한 전래동요가 많네요. 김서방 김 매러 가세, 조서방 조 베러 가세~ 뭐 이런 것은 마치 첫 글자로 말 잇기 놀이 하는 것 같아요."

"노래 가사가 너무 재미있어요."

"선생님도 그림책에 나오는 것들을 해 보셨어요?"

"네, 선생님은 그림책에 나오는 것들을 거의 다 해 본 것 같아요. 선생님이 어렸을 때 아주 시골에 살았거든요. 혹시, 여러분도 해 본 것들이 있나요?"

"전 캠핑 갔을 때 친척들과 주변에 있는 돌과 풀, 흙 같은 것으로 소꿉놀이 해 봤어요."

"저는 제 이빨 빠졌을 때 책에 나오는 노래와 비슷한 노래를 할머니가 불러 주셨었어요."

"독 사려~ 그거요. 제가 어렸을 때 할아버지가 해 주셨었어요."

독서 후 활동 - 부모님 어린 시절 이야기 듣고 일기 쓰기

"와~ 여러분이 해 본 것들도 꽤 많네요. 부모님 어린 시절에는 어떻

게 놀았는지 궁금하지 않나요? 오늘은 집에 가서 부모님 어린 시절 이야기를 듣고, 들은 것을 일기로 써 볼까요? 오늘이 금요일이니까 주말까지 이야기 들을 시간이 충분하죠?"

"어차피 주말마다 일기 숙제가 있는 거니까, 부모님 어린 시절 이야기 듣고 그걸 쓰면 되는 거죠?"

"네. 매 주말마다 하는 일기 숙제를 이걸로 하면 되요."

숙제가 더 생기나 긴장했던 아이들이 숙제가 따로 더 추가 된 것이 아니란 것을 확인하고는 편안해진 얼굴이다.

월요일, 아이들의 일기를 읽어보았다.

선생님이 자신의 일기를 읽지 않기를 바라면 쓴 일기를 반으로 접어 놓으라고 했었다. 보통 3~4개의 일기가 접혀 있는데, 이번 일기는 접힌 것이 하나도 없었다.

부모님이 어렸을 때 산에 가서 진달래꽃 따 먹었던 이야기, 찔레 꺾어 먹었던 이야기, 말뚝박기 하셨던 이야기, 이빨 빠진 이야기, 원두막에 앉아서 수박 잘라 먹던 이야기, 메뚜기 잡아서 구워 먹던 이야기, 개구리 잡던 이야기, 밤 주워 먹다가 주인아저씨께 혼났던 이야기, 동네 골목에서 잡기 놀이 했던 이야기 등 다양한 이야기들이 담겨 있었다.

'부모님 어린 시절 놀이들이 참 재미있을 것 같다. 나도 해 보고 싶다. 스마트폰으로 노는 것보다 더 재미있을 것 같다. 나중에 부모님과 함께 해 보기로 했다' 등의 부모님 어린 시절 이야기를 들은 아이들의 느낌도 함께 써왔다.

옛날 놀이

- 구슬 치기 – 땅을 파서 거기에 구슬을 굴려 넣으면서 진행한다.
- 고무줄 놀기 – '장난감 기차가 칙칙 떠나간다' 이런 노래를 부르며 여자 아이들이 고무줄을 넘으며 경쾌한 발재간을 볼 수 있다
- 공기놀이 – 공기 5개로 손의 유연성을 살릴 수 있는 놀이로 공기가 없으면 돌을 주워서 하면 된다.
- 땅따먹기 – 작은 물체를 손가락으로 튕기며 지나간 부분의 선을 그려 땅을 많이 만드는 게임
- 오징어 게임 – 땅에 오징어 모양을 그려놓고 밀고 당기는 게임이다.
- 다방구 – 술래가 숨은 사람들을 찾아 잡는다. 술래에 잡히지 않는 사람은 손을 끊어주는 해방자 역할을 할 수 있다.
- 짬뽕 – 부드러운 짬뽕공으로 서로 맞추면서 노는 게임
- 제기 차기– 비닐에 동전을 넣어 만들면 쉽게 제기를 만들 수 있다.
- 윷놀이 – 연필을 반으로 쪼개면 미니 윷놀이를 만들 수 있다.

[독서 지도안]

	우리 할아버지가 꼭 나만했을 때 [독서지도안]		
단계	그림책 수업 주제	내용	활동
독서 전	앞 표지를 보고 드는 생각	• 앞 표지 그림의 느낌은? • 앞 표지 그림의 특징은? • 할아버지가 나만했을 때 했던 놀이에 대해 들어본 것은?	• 앞 표지 그림의 특징 알기 • 내가 들은 할아버지가 어렸을 때 했던 놀이
독서 중	『우리 할아버지가 꼭 나만했을 때』에 나오는 전래동요와 놀이 정리하기	• 어떤 노래와 놀이들이 있었나요? • 책에서 나오는 것 중에서 내가 알고 있는 노래와 놀이는? • 노래 가사 중 인상적인 가사는? • 책에서 나오는 것 중 내가 해 본 놀이는?	• 마인드맵으로 정리하기 – 책에 나오는 노래와 놀이 목록 정리하기 – 해 본 것과 해 보지 않는 것 구분하기
독서 후	1. 부모님 어린 시절에 했던 놀이는?	• 엄마나 아빠가 어렸을 때는 어떤 놀이를 했을까요? • 엄마와 아빠가 했던 놀이의 같은 점과 다른 점은?	– 부모님 인터뷰하기 – 부모님 어린 시절 이야기 듣기
	2. 부모님 어린 시절 놀이 기록하기	• 부모님께 들은 이야기를 일기에 기록 해 보세요. • 일기를 쓴 후 부모님께 보여 드리고 내용 확인 받기	– 들은 이야기 일기로 기록하기 – 부모님께 보여드리고 댓글 부탁드리기
	3. 전래놀이 해 보기	• 책에 나온 놀이 해 보기 • 부모님께 들은 놀이 해 보기 • 부모님께서 어렸을 때 했던 놀이를 해 보니 어떤가요?	• 전래놀이 하기

추억 만들기

『아빠의 손』

아빠의 손 표지
로이스 엘럿 글·그림, 엄혜숙 옮김, 보림 발행(2008.01)

　우연히 [아빠의 손] 그림책을 읽으면서 어린 시절의 따뜻한 추억이 떠올랐다. 엄마와 나란히 이불을 덮고 앉아 뜨개질하던 추억이다.
　우리 엄마는 손재주가 좋으셨다. 자수도 잘 놓으시고, 뜨개질도 잘 하셨다. 재봉틀도 잘 다루셔서 유치원 때는 끈 달린 치마도 손수 만들어 주셨다.
　겨울이면 아랫목에서 할머니의 가디건, 아빠의 조끼, 우리의 스웨터와 바지 등 다양한 것을 떠 주셨다. 그런 엄마 옆에 앉아 엄마를 따라 뜨개질을 하곤 했다. 어린 내가 할 수 있는 가장 쉬운 뜨개 방법을 가르쳐 주셨다. 엉키거나 틀리면 엄마의 도움을 받아가며 허접한 목도리를 떴다.

이 추억은 엄마가 된 내게 내 아이와의 또 다른 추억을 선물했다.

우리 엄마처럼 내 가족들을 위해 뜨개질을 했다. 남편의 조끼, 아이들 모자와 목도리, 아이들 가디건을 떴다.

내가 그랬던 것처럼 내 아이도 내 옆에 앉아서 뜨개질을 하고 싶어 했고, 나도 우리 엄마처럼 가장 쉬운 뜨개 방법을 가르쳐 주고 함께 뜨개질을 했다. 내 아이에게도 나와 같은 따뜻한 추억이 쌓이기를 바라면서.

이러한 추억을 우리 반 아이들에게도 선물하고 싶었다. 꼭 무언가를 만들지 않아도 엄마나 아빠와 함께 하는 추억을.

"오늘 읽어 줄 그림책은 [아빠의 손]입니다. '아빠의 손' 하면 떠오르는 것은 무엇인가요?"

"우리 아빠는 무엇이든 뚝딱 잘 만드세요. 그런 아빠의 손이 떠올라요."

"선생님, 아빠 말고 우리 엄마에 대해서 말하면 안 되나요?"

"네. 엄마의 손에 대해서 말해도 괜찮아요."

"우리 엄마는 집에서 직접 쿠키도 구워주시고, 빵도 만들어 주세요."

엄마 자랑으로 신이 난 아이들은 너도나도 엄마가 만들어 주신 것들을 말했다.

"엄마의 손은 많이 바쁜 것 같아요. 요리도 해야 하고, 청소도 해야 하고, 동생을 씻겨 주기도 해야 하고."

"여러분이 많이 도와 드려야겠네요. 이제 표지를 봐 주세요."

"어! 붓이 있네요. 아빠가 화가인가 봐요."

"그러고 보니 동그라미는 팔레트인 것 같아요."

"뒤표지도 봐 주세요. 무엇이 보이나요?"

"가위, 하트스티커, 병뚜껑, 단추, 조개껍질, 끈, 크레파스, 못, 털실… 뭐가 많아요."

"알았다. 이 책엔 아빠랑 만들기 하는 이야기일 것 같아요."

"그럴까요? 이제 [아빠의 손]을 읽어 줄게요."

[아빠의 손]은 늘 손으로 일하는 아빠, 필요한 물건을 직접 손으로 만드는 엄마를 따라하는 이야기다. 아빠가 하는 대로 페인트칠, 못질, 톱질을 따라 하고, 엄마가 하는 대로 바느질을 따라 한다. 그리고 엄마 아빠와 함께 씨를 뿌리고, 잡초를 뽑아 준다.

독서 후 활동 – 손으로 물건 만들기

"여러분은 손으로 무엇을 만들어 보고 싶나요?"

"책에 나오는 아이처럼 톱질, 페인트질 같은 거 해서 내 비밀상자를 만들어 보고 싶어요."

"저는 바느질해서 인형을 만들어 보고 싶어요."

"저는 뜨개질을 배워서 목도리를 뜨고 싶어요."

"제가 좋아하는 방울토마토 씨를 뿌려서 키워보고 싶어요."

"저도 아빠 닮아서 똥손인데… 그냥 발로 하는 거 말하면 안 되나요? 발로 하는 축구는 잘 할 수 있어요."

"하하. 하늘이가 축구를 잘 하는 것은 알고 있지요. 달리기도 잘 하잖아요."

자신이 잘 하는 것을 선생님이 알아주시니까 기분이 좋은지 표정이 밝다.

"이 그림책을 보고 나니 여러분에게 따뜻한 추억을 만들어 주고 싶어졌어요. 이번 주말까지 엄마나 아빠 또는 할머니나 할아버지와 함께 손으로 무언가를 만들어 보면 어떨까요? 요리, 씨 뿌리기, 바느질해보기, 쿠키 만들기, 빵 만들기 등 손으로 하는 것을 함께 해 보는 거예요. 엄마나 아빠 또는 할머니나 할아버지가 잘 하시는 것들을 같이 해 보는 거예요. 이런 것이 좋은 추억으로 남겠죠?"

아이들은 부모님이 하는 대로 따라하는 것을 참 좋아한다. 부모님들은 위험하다고 더 크면 하라고 못 하게 말리기도 한다. 아직 어려서 하기 힘든 일들이라도 해 볼 기회를 주면 좋다. 아이들도 무엇이 위험하고 무엇을 조심해야 하는지 잘 알고 있다. 자꾸 해 보면서 더 조심성이 생기고 더 성장하게 되는 것이다. [아빠의 손] 같은 그림책을 통해 부모님과의 행복한 추억을 쌓고 나면 이 그림책이 더 소중하게 느껴지고 더 따뜻하게 느껴진다.

[독서 지도안]

	아빠의 손 [독서지도안]		
단계	그림책 수업 주제	내용	활동
독서 전	책 제목을 보고 떠오르는 생각과 표지 그림에서 알 수 있는 것은?	• '아빠의 손'하면 떠오르는 것은? • 앞 표지 그림에서 보이는 것은? 무슨 의미일까? • 뒤 표지 그림에서 보이는 것은?	• 책 제목과 표지를 통해 내용 유추하기 - 아빠의 손이 하는 일 떠올리기 - 엄마의 손이 하는 일 떠올리기
독서 중	『아빠의 손』에서 인상적인 부분 말하기	• 아빠의 손이 하는 일은 무엇이라고 했나요? • 엄마의 손이 하는 일은 무엇이라고 했나요? • 주인공이 엄마와 아빠와 함께 한 일은? • 주인공과 비슷한 경험이 있나요?	• 다섯 고개 놀이 - 그림책에 나오는 일들로 다섯 고개 만들기 - 모둠 친구들과 돌아가면서 다섯 고개 놀이하기
독서 후	1. 주인공처럼 해 보기	• 엄마나 아빠 또는 할아버지나 할머니와 함께 손으로 무언가를 같이 해 보기(요리, 바느질 하기, 쿠키 만들기, 빵 만들기, 못 박아보기, 씨앗 심기 등) • 무엇을 함께 해 보고 싶은가요?	- 손으로 할 수 있는 거 해 보기
	2. 손으로 할 수 있는 일 소개하기	• 하는 방법은? • 필요한 재료는? • 주의할 점은? 기타 소개하고 싶은 것은?	- 8절 도화지에 손으로 할 수 있는 일 소개하기 - 사진이나 그림 넣기 - 학급 게시판에 게시하기
	3. 추억 남기기	• 엄마나 아빠와 함께 무언가를 만들면서 사진 찍기 • 사진을 일기장에 붙이고 간단하게 설명 쓰기	• 사진 찍기 - 사진 인쇄해서 일기장에 붙이기

자장가 불러드리기

『언제까지나 너를 사랑해』

언제까지나 너를 사랑해 표지
로버트 먼치 글, 안토니 루이스 그림, 김숙 옮김, 북뱅크 발행(2000.05)

오이반 아이들처럼 5학년인 아들은 아직도 가끔 잠들기 전에 자장가를 불러 달라고 한다. 노래를 잘 부르지 못해서 부르면서도 약간 쑥스럽고 웃기지만, 아들에게는 엄마의 노래 실력은 아무 상관이 없다.

내가 아들에게 불러주는 자장가는 우리나라 자장가이다. 우리나라 자장가는 음의 높낮이 변화가 많지 않고, 편안함을 주는 대화체 선율로 이루어져 있다. 아들에게 자장가를 불러 줄 때는 가사를 지어서 불러 준다. 그래서 불러 줄 때마다 가사가 바뀐다.

아들은 그런 가사를 좋아하고 행복한 미소를 지으며 잠든다. 가끔은 아들이 나한테 자장가를 불러 주기도 한다. 아들이 불러 주는 자장가를 들으며 잠이 드는 경우는 드물지만, 마음의 안정을 느낄 수 있어 좋다. 자장가를 불러 주는 아들도 엄마를 위해 노래를 불러 준다는 것에 행복해 한다.

자장가는 불러 주는 사람과 듣는 사람 모두에게 정서적 안정감을 준다. 대부분의 아이들은 부모님이 불러 주는 자장가는 들어 보았더라도 부모님께 자장가를 불러 준 아이는 많지 않다.

"자장가를 들어 본 적이 있나요?"

"네~ 지금은 잘 안 불러 주시지만 제가 5~6살까지는 엄마가 자장가를 불러 주셨어요."

"전 엄마가 동생한테 불러 주는 것 들었어요."

"자장가를 들으면 어떤 기분이 드나요?"

"편안해요."

"졸려요."

"오늘 음악시간엔 자장가와 관련된 수업을 하도록 할게요. 오늘 읽어 줄 그림책은 [언제까지나 너를 사랑해]입니다."

"오~~오글거려."

소정이가 몸서리를 치면서 말했다.

"소정이는 이런 말이 낯선가 보네요."

"저희 엄마는 저한테 그런 말 잘 안 해요."

"그럼, 소정이는 엄마한테 '사랑해'라고 자주 말해 주나요?"

"아니요. 오글거려서 그런 말을 어떻게 해요."

"자꾸 하다보면 안 오글거리는데, 오늘 한 번 시도해 보세요. 제목과 표지를 보니 어떤 내용일 것 같나요?"

"엄마가 아이한테 자장가 불러주는 그림이 있어요. 자장가 불러줄 것 같아요."

"이불 위에서 엄마와 아이가 노는 모습이 참 행복해 보여요. 엄마와 아이가 행복하게 지내는 내용일 것 같아요."

"이제 읽어 줄게요. 들으면서 어떤 부분이 가장 좋은 지 생각해 보세요."

[언제까지나 너를 사랑해]는 간결하고 시적인 문장과 따뜻하고 아름다운 그림을 통해 아이들 가슴에 일생동안 간직될 한결같은 어머니의 사랑을 나직하고 부드럽게 전하고 있다.

어머니는 갓 태어난 아기일 때부터 성인이 되어서까지 자고있는 아이를 안아주면서 가만히 노래를 불러준다. 어머니가 나이가 들어 더 이상 노래를 불러 줄 수 없게 되자 아들이 누워 계신 어머니에게 같은 노래를 불러준다.

그림책의 처음부터 끝까지 사랑이 가득 실린 노랫말이 반복적으로 나온다. 그걸 읽는 이에게도 사랑이 전해지는 듯한 느낌이 드는 그림책이다.

"어떤 부분이 가장 좋았나요?"

"너를 사랑해 언제까지나 너를 사랑해 어떤 일이 닥쳐도 내가 살아있는 한 너는 늘 나의 귀여운 아기라고 하는 부분이요."

"와~ 그걸 다 기억하고 있었어요?"
"계속 반복해서 나오고, 말이 너무 좋아서 제가 메모 해 놓았어요."
"아들이 말썽을 피운 날에도 늘 같은 노래를 불러주신 게 대단한 것 같아요. 화가 났을텐데…"
"아들이 말썽을 피우면 미울 것 같은데…아닌가요?"
"아니에요. 말썽을 피울 때 속상하긴 해도 밉지는 않아요. 부모님이 아이를 사랑하는 마음은 변하지 않아요. 여러분 부모님도 그래요."
"저는 아들이 침대에 누워 계신 어머니한테 노래를 불러주는 부분이 좋았어요."

독서 후 활동 - 부모님께 자장가 불러드리기

"여러분도 엄마나 아빠한테 자장가를 불러 드린 적이 있나요?"
"아니요. 없어요."
"그럼, 오늘 밤에 자장가를 불러 드려 볼까요?"
"음…잘 될지 모르겠지만 한 번 해 볼게요."
"전 아는 자장가가 없는데요."
"그럼 지금부터 자장가에는 어떤 것들이 있는지 알아볼게요. 그림책에 나온 것 같은 노랫말로 불러도 되지만, 다른 자장가도 들어보고 어떤 자장가를 불러 드릴 건지 각자 선택해 볼까요?"

충남 예산 지방 전래 동요 '자장 노래', 충남 대덕지방 전래 동요 '자장자장', 대구 지방 전래 동요 '엄마 품', 충남 공주 지방 전래 동요 '달강달강' 등 우리나라 지역별 자장가를 들려주고, 함께 불러 보기도 했다. 가사가 재미있고, 반복되는 음이 많아서 즐겁게 따라 불렀다.

"선생님 가사가 너무 재미있어요."

"이렇게 긴 가사를 어떻게 다 외워요?"

"다 외울 필요는 없어요. 음에 맞춰서 가사를 지어서 불러도 되요."

[언제까지나 너를 사랑해] 책은 아이들뿐만 아니라 어른들에게도 참 인기가 많은 그림책이다.

이 책의 뒤쪽엔 다음과 같이 써져 있다.

'이 책의 편집자는 이 책은 아이들을 위한 책이 아니라고 말했다. 어른들이 어른들을 위해서 이 책을 산다. 부모들이 그들의 부모를 위해서, 그리고 할아버지 할머니들은 그들의 자식을 위해서, 아이들은 모든 사람들을 위해서, 모든 사람들은 아이들을 위해서 이 책을 샀다. 사실상, 모든 사람들이 모든 사람들을 위해서 이 책을 산 것이다'

사랑이 담긴 언어는 모든 사람들에게 감동을 주고 모든 사람들의 마음을 움직이게 한다.

아이들에게 자장가를 불러 주었을 때의 좋은 점은 정말 많다. 아이들은 엄마나 아빠의 감미로운 목소리를 들으며 편안함을 느낀다. 아이들은 자장가를 통해 부모의 애정을 느끼게 되고, 더불어 부모와 아이 사이에 감정적인 유대감이 생긴다. 또한 아이의 정서 및 신체 발달과 감각 발달에도 도움이 된다. 아이들이 이미 컸더라도 가끔씩 자장가를 불러 주면 좋다.

[독서 지도안]

언제까지나 너를 사랑해 [독서지도안]			
단계	그림책 수업 주제	내용	활동
독서 전	앞 표지를 보고 드는 느낌은?	• 책 제목의 느낌은? 어떤 내용일 것 같나요? • 앞 표지 그림은 무엇을 하고 있는 그림인가요? • 자장가를 들어본 적이 있나요?	• 자장가를 들은 기억 떠올리기 • 내용 짐작하기
독서 중	『언제까지나 너를 사랑해』에서 가장 인상적인 부분은?	• 이 책에 나오는 그림의 느낌은? 문장의 특징과 느낌은? • 가장 인상적인 문장이나 그림은? • 부모님과 '사랑해'라는 말을 자주 주고 받나?	• 가장 인상적인 문장이나 그림 - 가장 인상적인 문장 써서 책갈피로 만들기 - 가장 인상적인 그림 그리기
독서 후	1. 세계 여러 나라의 자장가	• 세계 여러 나라의 자장가를 들어보고 불러 봅시다. • 우리 나라 대표적인 자장가 들어보고 불러보기 • 자장가들의 공통점과 차이점은?	- 다양한 자장가 알기
	2. 자장가를 들으면	• 한 모둠씩 돌아가며 자장가 부르고 다른 모둠은 눈을 감고 자장가 듣기 • 자장가 가사에서 느껴지는 것은? 자장가를 들었을 때의 느낌은?	- 자장가 불러 주기 - 자장가 듣기 - 느낌 나누기
	3. 자장가 불러 드리기	• 부모님께 불러 드리고 싶은 자장가는? • 부모님께 자장가를 불러 드렸을 때 부모님의 반응은?	• 부모님이나 가족에게 자장가 불러 주기 - 가족과 느낌 나누기

사랑의 쿠폰

『심부름 다녀왔습니다』

심부름 다녀왔습니다 표지
히도 반 헤네흐텐 글·그림, 이경혜 옮김, 웅진주니어 발행(2005.04)

'어제 엄마한테 아이스크림이 먹고 싶다고 말했다. 엄마가 감기 기운이 있다고 아이스크림은 안 된다고 하셨다. 기분이 안 좋아서 나도 모르게 "엄마는 맨날 엄마 마음대로야. 맨날 내가 해 달라는 것은 안 해 주고. 엄마 미워"라고 말하며 내 방 문을 쾅 닫고 들어갔다. 엄마한테 화내서 미안하다. 엄마는 나를 생각해서 그런 건데'

찬우의 일기다. 컨디션이 안 좋아 엄마한테 화를 냈지만 후회하고 있다.

모든 부모들은 내 아이에게 온갖 정성을 다한다. 아이가 원하는 것은 최선을 다해 해 주는 등 내 아이를 애지중지하며 키운다. 그런 아이들이 어느덧 자라 초등학교 5학년이 되었다. 자신이 다 컸다고 생각하는 아이들은 부모님의 마음을 상하게 하는 언행을 하기도 한다. 속상해 하는 부모님을 보면서 아이의 마음도 편하지 않다. 어른들도 그렇지만 아이들도 마음과는 다른 언행으로 후회를 하며, 자신의 실수를 만회할 기회를 얻기를 바란다.

부모들은 아이들이 주는 작은 것에도 감동하고 마음이 녹아내린다. 아이가 건네는 '사랑해' 말 한마디에도 행복해 하고, 아이가 준비한 작은 선물에도 감동한다.

[심부름 다녀왔습니다] 그림책을 읽어주고 부모님에게 작은 선물을 준비하도록 했다.

"엄마나 아빠한테 짜증내거나 화를 낸 다음에 후회한 적이 있나요?"
"전 어제 그랬어요."

찬우가 일기에 적은 일 때문인지 바로 대답했다.

"오늘은 부모님을 조금이라도 기쁘게 해 드릴 수 있는 활동을 해 볼 거예요. 먼저 [심부름 다녀왔습니다] 그림책을 읽어 줄게요. 제목과 표지를 봐 주세요. 어떤 내용일 것 같나요?"

"돼지가 피자 상자 같은 것을 들고 있는 것을 보니 피자 사 오는 심부름을 한 것 같아요."

"돼지 표정이 좋은 것을 보니 심부름을 잘 다녀온 것 같아요."

[심부름 다녀왔습니다]는 일요일마다 케이크를 먹는 포동이네 가족 이야기이다.

포동이네 가족은 아빠, 엄마, 큰 누나, 작은 누나, 형, 포동이, 동생으로 모두 7명이다. 누가 케이크를 사 올 것인지 묻는 엄마의 질문에 아빠는 이메일을 보내야 하고, 큰 누나는 컴퓨터를 보고 있고, 작은 누나는 숨어 버리고, 형은 지난 번에 갔다 왔다고 투덜거리고, 동생은 아직 기어 다녀서 포동이가 사러 가겠다고 나섰다.

혼자서 케이크를 사러 가는 것이 처음인 포동이가 우여곡절 끝에 심부름을 잘 다녀오게 된다는 내용의 그림책이다.

"여러분은 언제 심부름을 처음 해 봤나요?"

"전 유치원 때요. 제가 아파트 근처 마트에 혼자 가서 우유 사 오는 심부름을 했었어요."

"심부름 하고 난 후의 기분이 어땠나요?"

"유치원 때 처음 심부름을 했을 때는 내가 어른이 된 기분이었어요."

"엄마가 잘 했다고 칭찬해 주셔서 좋았어요."

"부모님이 보통 무슨 심부름을 시키나요?"

"빨래개기요."

"뭐 좀 가져다 달라고 하시는 거요."

"여러분이 쉽게 할 수 있는 심부름이네요. 그런데 그림책에 나오는 큰 누나, 작은 누나, 형처럼 심부름 하기 싫어서 바쁜 척을 하거나 투덜거린 적은 없나요?"

"있어요. 포동이의 형처럼 저도 자주 투덜거려요."

"전 맨날 저만 시킨다고 투덜거려요."
"여러분이 투덜거리면서 심부름하면 부모님 기분이 어떨까요?"
"당연히 싫으시겠죠!"

독서 후 활동 – 사랑의 쿠폰 만들기

"부모님이 원하는 도움을 투덜거리지 않고 해 드리면 부모님이 더 좋아하시겠죠. 부모님들은 여러분의 작은 도움에도 참 고마워하시죠. 그래서 오늘은 부모님이 원하실 때 언제든 도움을 드릴 수 있는 '사랑의 쿠폰'을 만들어 보도록 할게요. 안마 쿠폰, 설거지 쿠폰, 동생 돌보기 쿠폰 등 여러분이 할 수 있는 내용의 쿠폰을 만들어 봐요."

아이들은 종이에 정성스럽게 글씨를 쓰고 예쁘게 꾸미기까지 했다. 선생님이 예시로 든 쿠폰을 비롯해 '뽀뽀 쿠폰', '안아주기 쿠폰', '빨래개기 쿠폰', '노래 불러드리기 쿠폰' 등 다양한 쿠폰을 만들었다. 거기다가 유효기간까지 적어 넣은 아이들도 있었다.

"오늘 만든 쿠폰을 부모님께 전해 드리고 '사랑해'라고 한 번 말해 보세요. 부모님이 무척 좋아하실거에요."

'사랑의 쿠폰'은 아이들이 부모님께 어렵지 않게 준비하여 드릴 수 있는 선물이다. 쿠폰의 내용을 읽는 것만으로도 흐뭇해하는 부모님들이 많다. 쉽게 할 수 있는 것들이지만 자주 받아보지 못한 것들을 아이들이 먼저 나서서 해 준다고 하니 기특하고 대견하다. 지치고 바쁜 일상에 아이들이 주는 이런 작은 기쁨이 아이와 부모 모두에게 행복을 준다. 행복은 큰 것이 아니라 이런 작은 것들이 주는 소소한 기쁨이다.

[독서 지도안]

심부름 다녀 왔습니다 [독서지도안]

단계	그림책 수업 주제	내용	활동
독서 전	책 제목과 표지를 보고 내용 짐작하기	• 엄마나 아빠한테 짜증내거나 화를 낸 후 후회한 적이 있나요? • 책 제목과 표지를 보니 어떤 내용일 것 같나요?	• 책 내용 짐작하기
독서 중	『심부름 다녀 왔습니다』내용 파악하고 내 경험 떠올리기	• 포동이네 가족은 일요일마다 무엇을 먹나요? • 포동이가 심부름을 가게 된 이유는? • 언제 처음 심부름을 해 보았나요? 어떤 심부름을 해 보았고, 그 때의 기분은 어땠나요?	• 심부름 했던 경험 나누기 - 처음 심부름 했을 때와 지금과는 어떤 차이가 있나요?
독서 후	1. '심부름 다녀 왔습니다' 보드 게임판 만들기	• 모둠 친구들과 '심부름 다녀 왔습니다' 보드 게임판을 만들어 보세요. • 적절한 미션과 스토리를 넣어 보세요.	- '심부름 다녀 왔습니다' 보드 게임판 만들기 - 모둠 친구들과 보드 게임하기
	2. 투덜거리지 않고 심부름하기	• 부모님께서 시키시는 심부름은 어떤 것인가요? • 부모님께 도움을 드릴 수 있는 것은 무엇이 있나요? • 안마쿠폰, 설거지쿠폰, 빨래개기쿠폰, 뽀뽀쿠폰 등 다양한 쿠폰을 만들어 보세요.	- 사랑의 쿠폰 만들기 - 다양한 쿠폰 만들기
	3. 사랑의 쿠폰과 함께 드릴 메세지	• 부모님께 죄송했던 것은? • 부모님께 고마웠던 것은? • 부모님께 전하고 싶은 말을 엽서에 써 봅시다.	• 부모님께 사랑의 엽서 쓰기 - 사랑의 쿠폰과 함께 부모님께 전해 드리기

나도 요리사

『아주 특별한 요리책』

아주 특별한 요리책 표지
한성옥 지음, 보림 발행(2005.05)

인기 있는 TV프로 중에는 맛집이나 요리와 관련된 프로가 꽤 많다. 그만큼 사람들은 먹는 것, 요리에 대한 것에 관심이 많아졌다. 셰프, 푸드스타일리스트, 파티쉐 등 요리와 관련된 직업을 갖고 싶어 하는 아이들도 많다. 아이들은 모여서 자기가 본 TV프로에 대한 이야기를 많이 한다.

TV 요리 프로그램은 언제부터인가 먹는 모습을 많이 보여준다. 그러다 보니 먹는 것으로 스트레스를 풀고 비만이 늘고 있다.

음식은 많이 먹는 것보다 요리하는 과정이 중요하다. 이런 부분을 유의해서 지도해야 한다.

아이들은 요리하는 것을 좋아한다. 그러나 칼이나 불을 사용하는 것에 대한 위험성 때문에 요리를 하도록 허용해 주지 않는 부모도 있다. 요리하고 싶어 하는 아이들의 욕구도 풀어주고, 부모님과 함께 하는 시간도 만들어 주기 위해 [아주 특별한 요리책]을 읽어 주었다. 그런 후 부모님과 함께 '우리 가족 특별한 요리'를 해 보라고 했다.

"요리를 직접 만들어 본 적이 있나요? 해 봤다면 어떤 요리를 했나요?"

"전 스파게티를 만들어 보았어요. 엄마가 해 주실 때 잘 봐 두었다가, 엄마와 아빠 모두 안 계실 때 해 봤어요."

"와~ 소스는 어떻게 만들었어요?"

"마트에서 파는 스파케티 소스를 넣었어요. 그거 넣고 하면 쉬워요."

"전 김치볶음밥을 해 봤어요. 김치를 썰어 넣고 들기름에 볶다가 밥과 고추장, 참치, 참기름을 넣고 볶으면 정말 맛있어요. 모차렐라 치즈가 있으면 뿌려 먹으면 더 맛있어요."

"윤서는 요리 솜씨가 수준급일 것 같아요. 말만 들어도 군침이 도네요."

"전 엄마가 위험하다고 한 번도 시켜 주지 않았어요. 저도 요리 해 보고 싶어요."

[아주 특별한 요리책]에는 10가지 요리 레시피가 담겨 있다.

깍두기 치즈밥, 꼬불꼬불 달걀찜, 바사삭 과자탑, 신통방통 떡볶이, 고구마 샐러드, 떡 베이컨 말이, 알록 비빔면, 사각사각 과일 주스, 쌀 종이 잡채 말이, 큐피드 주먹밥 요리 레시피가 차례로 나온다.

이 요리는 모두 초등학교 4학년인 신영이가 한다.

신영이는 엄마, 아빠가 바쁘셔서 혼자 밥을 먹을 때가 많고, 그러다가 혼자 요리를 만들어서 먹게 된다는 내용이다. 그러다보니 여기에 소개된 요리는 가스렌즈 불을 사용하지 않고, 전자레인지를 사용한다.

요리 레시피와 함께 치즈의 유래, 토마토의 효능, 국수의 역사, 라면이 꼬불꼬불한 까닭 등 다양한 상식도 함께 담겨 있다.

"이 책에 소개된 요리 중에 만들어 보거나 먹어본 요리가 있나요?"

"신통방통 떡볶이 먹어 보았어요."

"떡 베이컨말이를 먹어 봤어요."

"엄마, 아빠가 모두 안 계셔서 혼자 밥을 먹어야 할 때 여러분은 무엇을 먹나요?"

"엄마가 만들어 놓고 간 것을 먹어요."

"편의점에 가서 뭐 사 먹어요."

"여기에 소개된 요리 중에서 직접 만들어 보고 싶은 요리가 있나요?"

"꼬불꼬불 달걀찜이요. 라면을 넣은 달걀찜이 어떤 맛일지 궁금해요."

"깍두기 치즈밥이요. 저는 깍두기도 좋아하고, 치즈도 좋아하거든요. 제가 좋아하는 둘을 넣어서 만든 밥이면 맛있을 것 같아요."

"바사삭 과자탑이요. 과자는 요리를 잘 못해도 맛있을 것 같아요."

"이 책에 소개되지 않았지만 해 보고 싶은 요리가 있나요?"

"고추참치 김밥이요. 저희 엄마가 매운 음식을 정말 좋아하시거든요.

고추참치 김밥을 엄마한테 만들어 드리고 싶어요."

"과일 떡꼬치요. 전 과일이랑 떡이 좋거든요."

"선생님, 요리 이야기를 하다보니까 직접 요리해 보고 싶어졌어요. 저희도 해 봐요."

"음… 지금 하기는 힘들어요. 재료도 준비되어 있지 않고. 교실에는 전자레인지도 없고, 불을 사용하기도 어려우니까 집에 가서 엄마나 아빠와 함께 요리를 해 보세요. 요리하는 사진, 요리 후 소감, '우리 가족 특별한 요리' 레시피, 요리하면서 나눴던 대화 내용 등을 도화지에 정리해서 오세요."

독서 후 활동 – 부모님과 요리하기

엄마나 아빠와 요리하기는 주말 숙제로 내 주었다.

월요일, 아이들 손에는 다양한 요리 레시피가 담긴 도화지가 들려 있었다. 어떤 요리를 할 것인지 함께 상의했던 이야기, 재래시장에 가서 장 봤던 이야기, 내가 만든 요리를 가족들이 맛있게 먹었던 이야기 등 다양한 이야기도 함께 담겨 있었다.

요리하는 시간이 생각보다 오래 걸려서 힘들었다는 소감, 엄마(아빠)랑 함께해서 재미있었다는 소감, 평소에 잘 안 먹는 야채도 내가 요리하니까 맛있었다는 소감 등 아이들이 쓴 소감도 재미있었다.

"여러분이 숙제로 해 온 도화지는 뒤 게시판에 모두 붙여 둘게요. 친구들은 어떤 요리를 했는지 읽어보세요."

어떤 요리를 할 것인지 부모님과 함께 상의하고, 함께 재료를 준비하고, 함께 요리하는 전 과정을 통해 서로 더 가까워질 수 있다. 아이와 함께 요리를 하다보면 아이와 자연스럽게 대화를 하게 되고, 식재료에 대해서도 배울 수 있다.

아이 스스로 요리를 만들면서 음식이 되어가는 과정을 배우게 되고, 음식에 대한 소중함도 느끼게 된다. '우리 가족 특별한 요리'를 만들면서 상상력과 창의력을 발휘하게 되고, 가족 간의 관계도 더욱 돈독해진다.

칼과 불이 위험하다고 말리기보다는 어른이 옆에서 함께 있으면서 조심스럽게 도전해 볼 기회를 주는 것이 좋다. 작은 도전 속에서 아이들은 많이 성장하게 된다.

[독서 지도안]

아주 특별한 요리책 [독서지도안]			
단계	그림책 수업 주제	내용	활동
독서 전	내가 해 본 요리는?	• 요리를 직접 해 본 적이 있나요? 무슨 요리를 해 보았나요? • 앞으로 해 보고 싶은 요리는? 직접 요리를 했을 때의 기분은?	• 요리 해 본 경험 나누기
독서 중	『아주 특별한 요리책』에 나오는 요리 중에서 해 보고 싶은 요리와 인상적인 부분 정리하기	• 이 책에 나오는 10가지 요리 레시피는 무엇인가요? • 이 책에 소개된 요리 중 해 보고 싶은 요리는? • 엄마, 아빠 모두 안 계셔서 혼자 밥을 먹어야 할 때 무엇을 어떻게 먹나?	• 마인드맵으로 정리하기 • 만들어 보고 싶은 요리 레시피 - 요리 순서 정리하기 - 그림도 함께 그려 넣기
독서 후	1. 요리 레시피 구상하기	• 가족과 함께 만들어 보고 싶은 요리는? • 만들고 싶은 요리에 대한 레시피를 인터넷으로 검색 해 보기	- 내가 만들고 싶은 요리 정리하기 - 인터넷으로 검색한 것을 참고하여 나만의 레시피로 정리하기
	2. 우리 가족 특별한 요리	• 정리한 요리 레시피에 필요한 재료는 무엇인가요? 가족과 함께 구입해 보세요. • 누구와 함께 요리를 만들었나요? • 직접 요리해 보고 맛 본 소감은? 가족의 반응은?	- 가족과 요리하기 - 요리 과정 및 완성된 요리 등 사진찍기
	3. 우리 반 친구들이 한 요리	• 친구들은 어떤 요리를 했나요? • 각자 자신이 만든 요리에 대해 정리 해 봅시다.	• 우리 반 요리책 만들기 - 각자 정리한 것을 모아 책으로 엮기

2. 그림책을 통한 마음나누기

책 읽고 가족과 대화하기

학부모 설문조사 질문항목 중에 '자녀와 하루 대화 시간은 얼마나 되나요?'란 질문이 있었다. 설문지를 받아보니 대부분이 30분이라고 응답했다. 30분 이하라고 응답한 분도 몇 분 있었고, 1시간 이상이라고 응답한 분도 몇 분 있었다.

정보통신기술의 발달로 많은 것이 편리해졌지만 가족 간의 대화 시간은 오히려 줄어들었다. 집안에서 각자 스마트폰이나 컴퓨터를 보고 있는 경우가 많고, 심지어 여행이나 캠핑을 가서도 각자 스마트폰만 보고 있기도 한다.

학부모 상담 때 아이와 대화를 많이 하면 좋다고 말씀드리면, '매일 똑같은 말만 하는 것 같아요. 밥 먹었니? 숙제 했니? 학원 갔다 왔니? 같은 말들을요. 길게 얘기할 것이 별로 없어요.'라고 대답하신다. "책을 읽고 그 책으로 대화를 해 보세요. 책을 이용하면 대화 내용이 풍부해질 수 있어요. 아이한테 책을 읽어 준 후 책에 대한 이야기를 나눠도 되고, 각자 같은 책을 따로 읽고 이야기를 나눠도 되요. 그림책도 상관없으니까 한 번 해 보세요. 다양한 주제를 가지고 자연스럽게 이야기를 할 수 있고, 서로의 생각을 나눌 수도 있어요. 단, 어머님이 가르치려는 입장이 아니라 아이와 동등한 입장에서 이야기를 나누셔야 해요." 라고 책으로 소통하는 방법을 알려드린다. 이렇게 학부모 상담을 오시면 자세하게 안내해 드리지만 상담을 오시는 분이 별로 없다. 그래서 주말 숙제를 활용하기로 했다.

금요일 알림장에 '엄마나 아빠 또는 할머니나 할아버지와 같은 책을 읽고 책 내용에 대해 10분 이상 이야기 나누기. 이야기 나눈 후 느낀 점을 간단하게 써 오기'라고 주말 숙제를 써 주었다. 주말 숙제로 내준 것은 평일엔 직장일로 어른들이 바쁘시니까 주말에 숙제를 내줘야 하실 수 있을 것 같았기 때문이다.

"주말 숙제를 어떻게 하라는 건지 잘 모르겠어요."

시우가 말했다. 여태까지는 주말 숙제로 '신나게 놀기'만 내주었기 때문에 다른 주말 숙제가 있는 자체가 싫었던 모양이다.

"책 읽고 대화하기 숙제인데요, 여러분들이 읽고 싶은 책을 한 권 정하세요. 집에 있는 책이나 도서관에서 빌린 책 중에서 정하면 돼요. 예전에 읽었던 책도 괜찮아요. 그 책을 엄마나 아빠 또는 할머니나 할아버지한테 읽어 달라고 해도 괜찮고, 각자 읽어도 괜찮아요. 다 읽은 후에 엄마나 아빠 또는 할머니나 할아버지와 책 내용에 대해 이야기를 나누는 거에요. 학교에서 우리가 그동안 했던 것처럼 제목이나 표지에 관한 이야기, 등장인물에 대한 이야기, 주인공의 행동에 대한 이야기, 새롭게 알게 된 것에 대한 이야기, 책 내용 중 나와 비슷한 행동이나 생각에 대한 이야기 등 하고 싶은 이야기를 10분 이상 나눠보는 거에요. 이야기를 다 나눈 후엔 공책에 1~2줄 정도로 느낀 점을 써 오면 돼요."

조부모님과 살고있는 아이도 있고 부모님이 바쁘셔서 주말에도 시간을 낼 수 없는 가정도 있다. 그래서 엄마나 아빠뿐만 아니라 할머니나 할아버지랑 주말 숙제를 해도 괜찮다고 이야기 한 것이다.

"난 그냥 짧은 그림책으로 할거야."

주말 숙제로 심통이 난 시우가 말했다.

"책이 길지 않아도 괜찮아요. 짧은 그림책도 당연히 괜찮죠. 어떤 책으로든 주말 숙제를 하면 되는 거에요. 글밥이 많고 적은 것은 상관이 없어요. 글밥이 많은 책을 읽고 싶으면 글밥 많은 책으로 해도 되고, 글밥이 많은 책을 읽기 힘들면 짧은 그림책으로 해도 되는 거에요. 또, 궁금한 거 있나요?"

"아니요."

다른 아이들도 주말 숙제가 부담스러운지 대답하는 목소리에 힘이 없다.

"일단 해 보세요. 꽤 재미있을 거에요."

아이들을 하교시킨 후에 주말 숙제에 대한 장문의 문자를 각 가정에 보냈다.

'안녕하세요. 5학년 2반 담임 김혜림입니다. 이번 주에 아이들에게 주말 숙제를 내주었습니다. 이번 주말 숙제는 엄마나 아빠 또는 할머니나 할아버지랑 함께하는 숙제입니다. 숙제를 어떻게 하는 것인지 아이들에게는 충분히 설명을 했습니다. 아이들에게 설명을 들으시겠지만 따로 알고 계시는 것도 좋을 것 같아 문자를 드립니다. 이번 주말 숙제는 간단하게 말해서 '책 읽고 대화하기'입니다. 아이들과 하는 대화가 늘 비슷비슷하셨죠? 책 읽고 대화를 하면 대화 내용이 풍부해질 수 있습니다. 아이와 대화할 때 잘 사용하지 않던 용어들도 사용하면서 대화하시게 될 것입니다. 이런 대화는 아이의 정서적 안정에도 도움이 되고, 아이의 사고력과 어휘력을 키우는 데도 도움이 됩니다. 또한 아이가 책을 좋아하게 될 수도 있습니다. 일단 아이들이 자기가 읽고 싶은 책을 골라서 줄 거예요. 짧은 그림책을 골라 와도 그냥 수용해 주시기 바랍니다. 이번 주말 숙제에서는 글밥이 많고 적고는 그리 중요하지 않습니다. 아이가 골라온 책을 아이에게 읽어 주셔도 되고 각자 읽어도 됩니다. 읽은 후에 책에 대한 이야기를 최소 10분 동안 나누시면 됩니다. 책과 관련된 내용으로 무엇을 이야기하시든 상관이 없습니다. 중요한 것은 아이를 가르치려 하지 마시고 아이와 동등한 입장에서 이야기를 나누셔야 합니다. 바쁘시겠지만 시간을 내셔서 아이와 책으로 대화해 보시기 바랍니다. 담임 김혜림 올림'

갑자기 숙제를 받은 부모님들이 어리둥절하셨겠지만, 모두 아이를 위한 숙제니까 해 보시겠다고 답장을 보내셨다. 학부모님들이 협조적인 반응을 보내 주셔서 감사했다.

월요일 아침, 대호가 교실로 들어오자마자 나한테 와서 주말 숙제 한 것을 이야기했다.

"선생님, 저는 엄마랑 주말 숙제 했어요. 제가 유치원 때 읽었던 그림책을 골라서 엄마한테 가지고 갔어요. 엄마가 저보고 큰 소리로 읽어달라고 하셔서 제가 큰 소리로 읽어드렸어요. 다 읽고 나서 엄마랑 30분이나 대화했어요. 엄마가 그러시는데요, 제가 어렸을 때 그 책을 계속 계속 읽어달라고 해서 엄마가 목이 아플 정도였대요. 제가 어렸을 때 책을 좋아했데요. 저는 기억이 안 나는데…"

어렸을 때 책을 좋아했다는 엄마의 말씀이 기분 좋았던 모양이다.

"그랬구나! 대호 지금은 책 안 좋아해?"

"헤~4학년 때까지는 책 보는 게 정~말 재미없었거든요. 근데, 요즘엔 쬐끔 재미있어요."

"선생님이 보기에도 대호가 처음보다는 책을 잘 보는 것 같애."

좋아졌다는 말에 대호는 쑥스러운 듯 미소를 지었다.

아이들이 써 온 느낀 점을 읽어보니 '내 말을 잘 들어줘서 좋았다, 아빠도 나랑 비슷한 생각을 하고 있어서 신기했다, 오랜만에 둘이서만 오래 이야기해서 좋았다, 내가 기억 못하는 나의 어린 시절 이야기를 들어서 좋았다, 엄마의 꿈 이야기를 들었는데 엄마에게도 꿈이 있었다는 게 신기했다, 다음에 또 해 보고 싶다' 등 긍정적인 반응이 많았다. 물론, '엄마가 그것도 모르냐고 해서 짜증났다, 아빠는 말하지 않고 나한테 자꾸 질문해서 싫었다.' 등 부정적인 반응을 보인 아이도 몇 명 있었다.

일상에서 사용하는 언어는 한정되어 있다. 아이들에게 부모님께 어떤 말을 가장 많이 듣냐고 물어보면, '빨리 자', '공부해', '핸드폰 그만 해'를 가장 많이 듣는다고 대답한다. 책을 읽으면(짧은 그림책이더라도) 일상에서 잘 사용하지 않는 새로운 어휘를 접하게 된다. 책을 읽고 아이와 함께 이야기를 나누다 보면 다양한 주제로 다양한 이야기를 나눌 수 있다. 책 내용에 대한 서로의 생각이나 관련 경험을 자연스럽게 나눌 수 있고 서로 공감해 주고 이야기를 들어줌으로써 편안함과 행복을 느낄 수 있다. 아이와의 이런 소통은 정서적인 안정을 줄뿐 아니라 아이의 뇌를 자극하여 뇌 발달에도 도움이 된다. 이때 부모님이 이야기를 주도하려고 하시거나 책 내용을 확인하려고 하시면 아이는 오히려 책을 거부하게 된다. 동료와 이야기하듯이 아이와 동등한 입장에서 대화를 나누어야 한다.

학부모 공개수업

『엄마가 화났다』

엄마가 화났다 표지
ⓒ 최숙희 글 그림, 책읽는곰 (2011.05)

매년 학기당 1회 학부모 공개수업을 한다.

이번 1학기 학부모 공개수업 때는 [엄마가 화났다]라는 책을 읽어주고, 학부모님과 함께 하는 활동을 계획했다.

5학년쯤 되면 학부모 공개수업에 오시는 분이 별로 없다. 많아야 6~7명이다. 그러나 이번엔 모두 참석해 주실 것을 부탁드렸다.

아이들과 매일 하는 수업도 학부모님들을 모시고 하면 긴장된다. 20년차가 되어도 마찬가지다. 계획했던 대로 수업이 진행되기 위해서는 머릿속으로 수업을 여러 번 그려봐야 한다. 동기 유발에서부터 정리 활동까지 머릿속으로 그려보고 다시 계획서를 보며 체크를 한다.

[엄마가 화났다] 그림책은 부모님과 아이 모두에게 공감을 주는 책이다. 상상력이 풍부하고 호기심이 많은 산이를 이해하지 못하는 엄마는 산이에게 불같이 화를 냈다. 그러자 산이가 감쪽같이 사라져 버렸다. 산이를 찾아 나선 엄마는 후루룩, 부글이, 얼룩이를 만나면서 산이의 마음을 이해하게 되었다. 엄마가 울면서 반성을 하게 되자 감쪽같이 사라졌던 산이가 돌아왔다.

오늘 수업은 학부모와 아이들 모두를 위한 수업이다.

동기 유발을 위해 아이들 아기 때 영상을 보여주었다. 아이들의 아기 때 사진을 미리 받았고, 그 사진을 모아 동영상으로 만든 것이다. 아이들은 자기들 사진인데도 귀엽다고 말하기도 하고, 친구들의 아기 때 사진을 보면서 낄낄거리며 웃기도 하였다.

"영상 잘 보셨나요? 아기 때 사진을 준비한 것은 내 아이가 아기였을 때 부모님들이 어떤 마음이셨는지 듣고 싶어서입니다."

"건강하게만 자랐으면 좋겠다고 생각했습니다."

"다른 부모님들도 다 그런 마음이셨을 것 같습니다. 지금도 같은 마음이신가요? 오늘은 처음의 그 마음을 다시 떠올리며 [엄마가 화났다]를 들어 주셨으면 좋겠습니다. 먼저 표지 그림을 봐 주세요."

"검은 그림자는 괴물인가요?"

아이들이 질문했다.

"괴물일까요?"

"아닌 것 같아요. 제목이 '엄마가 화났다'이니까 엄마일 것 같아요."
"아이는 신발도 안 신었어요. 불쌍해요."
"뭐야, 계모잖아?"
 대호가 평소처럼 불쑥 말했다. 순간, 대호 어머님의 표정을 살폈다. '쟤가 왜 저래?'라는 짜증나는 표정이셨다. 대호가 잘하길 바라셨을 텐데. 얼른 그림책을 읽어 드려야 되겠다.
 "오늘 점심은 산이가 좋아하는 자장면이래요. 나는 자장 괴물이다. 자장 나라를 다 먹어 치우겠다. 그런데…또 시작이다, 또! 제발 가만히 앉아서 얌전히 좀 먹어. 엄마가 이맛살을 찌푸렸어요. 내가 진짜 너 때문에 못 살아. 엄마가 불같이 화를 냈어요."
 그림책을 다 읽고 나니 아이들보다 엄마들이 더 심각해 보인다. 눈물을 훔치는 어머님도 계셨다.
 "잠시 모두 눈을 감고 생각해 보도록 하겠습니다."
 준비해 둔 잔잔한 음악을 틀고 천천히 말을 이어갔다.
 "우리 아이가 아기였을 때 마음을 잊으신 것은 아닌가요? 건강하게만 자라 달라고 했는데, 지금은 이것도 잘하고 저것도 잘하길 바라지는 않으셨나요? 우리 아이의 행동이, 부모님이 보시기에 잘못된 행동이라 생각하여 화부터 내진 않으셨나요? 화를 내기 전에 먼저 이유를 물어봐 주셨나요? 우리 아이들도 부모님께 자신의 생각을 말로 잘 표현하였나요? 부모님께서는 어떤 마음이실까요? 우리 아이가 예뻤던 때를 떠올려 보세요. 우리 부모님의 좋은 점을 떠올려 보세요. 너무나 사랑스럽지 않은가요?"
 이곳저곳에서 훌쩍거리는 소리가 들렸다. 부모님도 아이들도 눈물을 흘렸다.

"이제 천천히 눈을 떠 주세요. 부모님들은 내 아이 옆으로 가셔서 사랑스런 내 아이를 한 번 꼭 안아 주세요. 그리고 아이와 눈을 마주치고 서로의 장점을 말해 주세요. 아이와 번갈아 가며 장점을 말해 주세요. 모두 10가지 정도는 쉽게 말씀하실 수 있으시겠죠?"

부모님들은 모두 일어나셔서 내 아이 옆으로 가셨다. 가지자마자 아이를 진하게 안아 주셨다.

"우리 아이들의 장점이 참 많죠? 우리 부모님의 장점도 참 많죠? 느낀 점을 말씀해 주실 수 있을까요?"

"여태까지 우리 찬우의 부족한 점만 보고 야단만 쳤던 것 같아요. 오늘 반성 많이 했습니다."

오이반 교실이 사랑의 열기로 가득찬 느낌이었다.

==부정적인 시선으로 바라보면 부정적인 면만 보이고, 긍정적인 시선으로 바라보면 긍정적인 면이 많이 보인다. 누구도 완벽하지 않기 때문에 부족한 면이 있는 것은 당연하다. 그렇더라도 장점을 찾아 말해 주고 칭찬해 주면 장점은 더 커지고 단점은 점점 줄어든다. 이번 학부모 공개수업을 통해 내 아이의 장점을 찾고, 아이들은 부모님들에 대한 고마움과 사랑을 느껴 보기를 바랐다.==

어른들도 아이였을 때가 있었었는데도 아이의 행동을 이해하지 못하는 경우가 많다. 부모의 기준으로 아이를 보고 아이의 잘못만 지적한다. 빠른 아이들은 5학년이 되기 전에 벌써 사춘기를 겪고 부모 입장에서는 이해할 수 없는 행동을 하기도 한다. 그러다 보니 부모는 더욱 화를 내게 되고 아이와의 사이는 점점 멀어지게 된다. 평소 아이와 대화를 많이 하며 소통을 잘 하고 있었다면 아이의 생각과 입장을 좀 더 잘 파악할 수 있다.

[독서 지도안]

단계	그림책 수업 주제	내용	활동
독서 전	아기였을 때 모습은?	• 우리 아이가 아기였을 때의 모습은? • 우리 아이가 아기였을 때 바램은? • 엄마는 언제 화를 내시나요? 앞 표지 그림의 검은 그림자는 무엇일까요?	• 아기였을 때 사진 감상
독서 중	『엄마가 화났다』를 읽으면서 인상적인 부분 말하기	• 산이 엄마가 화가 난 이유는? • 산이는 어떤 아이인 것 같나요? 산이가 사라졌을 때 엄마는 어땠을까요? • 엄마가 나를 이해해 주지 않아 속상했을 때는? 그때 어떻게 행동했나?	• 상황극 해 보기 - 내가 산이였다면 - 내가 산이 엄마였다면
독서 후	1. 어떤 마음으로 우리 아이를 키웠나?(두 눈을 감고 잔잔한 음악을 들으면서 생각하기)	• 어떤 아이로 자라길 바라셨나요? • 아이한테 화를 내기 전에 왜 그런 행동을 했는지 물어보셨나요? • 우리 부모님이 나를 어떻게 키우셨고, 나를 얼마나 사랑하시나요?	- 두 눈을 감고 명상하기 - 내 아이의 마음을 헤아려보기 - 부모님의 마음을 생각해 보기
	2. 내 아이의 장점은? 내 부모님의 장점은?	• 내 아이가 가진 장점은 무엇인가요? • 우리 부모님의 장점은 무엇인가요?	- 장점 10가지 찾기
	3. 마음 표현하기	• 서로를 꼭 안아주세요. • 서로 번갈아 가며 장점 1가지씩 이야기 해 주세요.	• 마주 앉아 이야기 나누기 - 서로 안아주기 - 장점 이야기 해 주기

사랑을 담은 쿠키

『쿠키 한 입의 사랑 수업』

쿠키 한 입의 사랑 수업 표지
ⓒ 에이미 크루즈 로젠탈 글, 제인 다이어, 브룩 다이어 그림,
최현경 옮김, 책읽는곰 발행(2010.11)

누구나 가족을 사랑하지만 표현을 잘 못하는 사람들이 많다. 아이들도 마찬가지이다. 대부분의 아이들이 저학년 때까지는 부모님께 사랑 표현을 많이 하다가 고학년이 되면서 많이 줄어들기 마련이다. 특히, 사춘기가 온 아이들은 사랑 표현을 거의 안 한다. 오늘 [쿠키 한 입의 사랑 수업] 그림책을 읽고 가족에게 사랑을 표현해 보려고 한다.

"5월이 왜 가정의 달일까요?"

"어린이날이랑 어버이날이 있어서요."

"맞아요. 어린이날, 어버이날뿐만 아니라 입양의 날, 성년의 날, 부부의 날 등 5월은 가정에 관련된 날이 많기 때문이에요. 가정의 달을 맞이해서 가정의 소중함을 생각해보고 가족에게 사랑을 표현해 보세요. 그래서 오늘은 [쿠키 한 입의 사랑 수업]이란 그림책을 준비했어요."

"표지에 있는 아이들은 외국 아이들인가봐요? 머리 색깔도 그렇고, 생김새도 외국 아이들 같아요."

"맞아요. 이 책은 에이미 크루즈 로젠탈이라는 미국 작가가 쓴 책이에요. 그림도 미국에서 그림책 작가로 일하는 엄마와 딸인 제인 다이어와 브룩 다이어가 함께 그렸어요. 그러니까 그림에 나오는 사람들은 미국 사람을 모델로 했겠죠?"

"표지 그림을 함께 볼까요?"

"언니인지 누나인지가 동생에게 쿠키를 주는 그림인 것 같아요."

"한 쪽에 생쥐도 쿠키를 먹고 있어요."

"아이 둘도 그렇고, 생쥐 두 마리도 그렇고 모두 다정해 보여요."

"[쿠키 한 입의 사랑 수업]은 어떤 내용일 것 같아요?"

"쿠키 만드는 내용이요."

"대부분의 사람들이 쿠키를 좋아하죠. 쿠키를 왜 좋아하나요?"

"달콤하고 부드러워요."

"전 초코쿠키를 가장 좋아하는데, 쿠키와 함께 초코가 씹히면 더 달고 맛있어요."

"하하. 모두 달콤한 쿠키 맛을 좋아하는군요. 그럼 이 책은 달콤한 그림책이네요. 부드럽고 달콤한 쿠키와 사랑은 왠지 통하는 것 같지 않나요? 이제 달콤한 그림책을 읽어 드릴게요. 사람이 담긴 말이란 이런 거야. 이리와, 쿠키처럼 달콤한 우리 아가, 귀여운 우리 꼬맹이!"

이 그림책은 [쿠키 한 입의 인생 수업]과 [쿠키 한 입의 행복 수업]에 이은 또 하나의 쿠키와 관련된 시리즈이다. 아이들이 좋아하는 쿠키를 소재로 아이들에게 굳이 사랑한다는 말을 꺼내지 않아도 이미 사랑으로 가득한 순간이 우리 삶에 얼마든지 있다는 사실을 알려준다. 또한 아이들이 흥미를 가질 수 있도록 아기자기하고 포근한 그림으로 사랑에 관한 여러 메시지를 따듯하게 전달한다.

이 그림책을 읽어 줄 때는 그림 감상할 시간을 여유롭게 주는 것이 좋다. 그림으로도 따듯한 사랑이 전달되기 때문이다.

"그림책에 닭, 강아지, 말, 고양이, 생쥐 등의 동물들도 함께 나오니까 더 재미있는 것 같아요."

"그림도 글도 참 따뜻한 것 같아요."

"쿠키를 지켜주는 강아지가 웃기면서도 든든한 느낌이었어요."

"쿠키가 계속 나와요. 쿠키가 더 먹고 싶어졌어요."

독서 후 활동 - 쿠키 만들기

"여러분들도 쿠키에 사랑을 담아 보는 것은 어떨까요? 지금 쿠키를 만들어 볼 거에요. 쿠키를 다 만든 후에 가족에게 사랑의 메시지를 써서 쿠키와 함께 포장할 거에요. 달콤한 쿠키와 함께 가족에게 사랑을 전하세요."

"와~"

아이들은 환호성을 질렀다.

"가족들에게 주는 쿠키 말고 우리 것도 만드는 거죠? 냄새를 맡으면 더 먹고 싶어질 것 같아요."

"그럼요. 여러분들은 가족에게 줄 쿠키를 만들고, 선생님은 여러분에게 줄 쿠키를 만들게요."

어제 미리 마트에 가서 쿠키 믹스를 사 놓았다. 내가 직접 쿠키 반죽을 만드는 것은 자신이 없기 때문이다.

쿠키 믹스와 필요한 재료들을 모둠별로 나누어 주고 쿠키 만들기를 시작하였다. 아이들은 별 모양, 하트 모양, 동그란 모양, 곰 얼굴 모양 등 다양한 모양의 쿠키를 만들었다.

쿠키를 다 만들고 특수반의 오븐에서 구워지는 시간 동안 가족에게 사랑의 메시지를 썼다.

최대한 예쁜 글씨로 쓰고 싶은지 여러 번 지우고 다시 쓰는 아이도 보였다. 쿠키가 다 구워진 후 아이들은 가족에 대한 사랑을 담아 정성스럽게 포장을 했다.

"이건 엄마 줄 거예요. 아빠랑 동생 것도 준비했어요."

가족에게 줄 쿠키를 다 포장한 후에야 아이들은 내가 만든 쿠키를 맛보았다. 우유와 함께 맛있게 먹는 모습을 보니 흐뭇해진다.

"선생님이 만든 쿠키에는 여러분들에 대한 선생님의 사랑이 담겨 있어요."

"선생님 맛있어요~~"

"고맙습니다."

"선생님 사랑해요~"

글이나 그림 둘 중 하나만 보아도 스토리의 전개를 알 수 있는 그림책이 있고, 글과 그림이 서로의 스토리를 설명해 주고 서로의 부족함을 보완해 주어 글과 그림을 모두 보아야 스토리의 전개를 알 수 있는 그림책이 있다.

또한, 글과 그림이 서로 다른 스토리를 담고 있어서 글을 보는 재미와 그림을 보는 재미가 느껴지는 그림책도 있다. 즉, 글과 그림 중 어느 것이 더 중요한 지 가름할 수 없기에 그림책을 읽을 때는 글과 그림을 모두 깊이 있게 읽어내는 것이 좋다.

[독서 지도안]

쿠키 한 입의 사랑 [독서지도안]			
단계	그림책 수업 주제	내용	활동
독서 전	앞 표지 보고 궁금한 점이나 생각 나누기	• 앞 표지 그림을 보고 어떤 생각이 드나요? • 책 제목을 보니 어떤 내용일 것 같나요? • 많은 사람들이 쿠키를 좋아하는 이유는 무엇이라고 생각하나요?	• 내용 짐작하기
독서 중	『쿠키 한 입의 사랑』에 나오는 그림과 글 감상하기	• 그림이 주는 메시지는 무엇인가요? 어떤 문장이 마음에 와 닿나요? • 책에 나오는 표현을 참고하여 '○○한다는 건 이런거야' 로 문장 만들기	• 책에 나오는 문장 중 마음에 드는 문장 말하기 • 나만의 문장 만들기
독서 후	1. 가족에게 선물할 쿠키	• 가족 한 명 한 명에게 주고 싶은 쿠키를 직접 만들어 보세요. • 쿠키를 받은 가족의 반응은 어떨 것 같나요? • 가족을 생각하며 쿠키를 만드는 기분이 어떤가요?	- 쿠키 만들기 - 각 가족에게 어울리는 모양으로 쿠키 만들기
	2. 가족에게 전하고 싶은 사랑의 메시지	• 어떤 말을 들었을 때 기분이 좋나요? • 가족 한 명 한 명에게 어떤 사랑의 메시지를 전해 줄 것인가요?	- 사랑의 쪽지 쓰기 - 가족 한 명 한 명에게 쓰기
	3. 마음 전달하기	• 예쁘게 포장 해 보세요. • 쿠키와 쪽지를 받은 가족이 어떤 말을 해 주었나요? 어떤 반응을 보였나요?	• 가족에게 전달하기 - 예쁘게 포장하기 - 가족이 보인 반응과 해 준 말을 일기에 쓰기

속마음 털어놓기

『내가 엄마고 엄마가 나라면』

내가 엄마고 엄마가 나라면 표지
이민경 글, 배현주 그림, 현암주니어 발행(2011.02)

 학급 인원 수가 20명이나 되다 보니까 모든 아이들의 말을 귀담아 들을 수가 없다. 그래서 시간을 정해 두고 아이들과 일대일 상담을 하고 있다.
 평소에 학급에서 있는 둥 없는 둥 조용한 아이들도 일대일 상담 때는 조잘조잘 자기 얘기를 잘 한다. 평소에 느끼지 못했던 아이들의 특성에 대해서도 들을 수 있어서 일대일 상담을 꾸준히 해 오고 있다.

하교 후에 시간이 안 되는 아이들은 점심시간을 활용하여 상담을 한다. 오늘 일대일 상담 주인공은 김하늘이다. 하교 후엔 곧바로 학원을 가야 한다고 해서 점심시간에 상담을 했다.

"점심시간에 애들하고 축구해야 하는데…힝~"

하늘이가 축구를 하지 못하게 된 것에 대한 아쉬움을 토로했다.

"학교 끝나자마자 대호와 함께 축구클럽 가는 거야?"

"아니요. 전 과목 봐 주는 학원에 가요. 그런 다음에 영어 학원을 따로 또 가요."

"하루에 학원을 두 군데나 가는 거야?"

"학원 갔다가 집에 오면 학습지도 해야 되요. 한자, 역사 학습지도 따로 하거든요."

"공부를 정말 많이 하네."

"그래서 너무 힘들어요. 엄마한테 좀 줄여달라고 말씀드렸는데 그 정도가 뭐가 많냐고 하시면서 안 줄여주잖아요."

정말 많이 힘들었는지 약간 울먹거리는 목소리로 말했다.

"그럼 축구 클럽은 언제 가는 거야?"

"토요일에만 가요. 더 많이 가고 싶은데. 이것도 엄마한테 졸라서 겨우 다니게 된 거에요. 그러니까 학교에서 축구할 시간을 좀 더 많이 주시면 안 되나요?"

"그래, 마침 내일 체육 시간이 구기 종목 관련된 내용이니까 그때 축구할 시간을 주도록 할게."

"야호. 선생님 감사합니다."

축구할 시간을 준다는 말에 기분이 좋아진 하늘이가 팔짝팔짝 뛰면서 말했다.

하늘이가 너무 안쓰럽게 느껴졌다. 5학년 밖에 안 되었는데 맘껏 뛰어놀지도 못하고 학원과 학습지로 지쳐 있고 엄마가 자신의 말을 귀담아 들어주지 않아서 속상해 하는 모습이 안쓰럽고 안타까웠다.

지금은 하늘이가 엄마의 말을 그런대로 잘 따르고 있지만, 시간이 좀 지나면 엄마의 말을 무시하고 엇나갈 수도 있다. 더 늦기 전에 엄마와 속마음을 나눌 수 있는 시간을 마련해 주고 싶다. 그래서 준비한 그림책이 [내가 엄마고 엄마가 나라면]이다.

"엄마랑 역할이 바뀌었으면 좋겠다고 생각한 적이 있나요?"
"엄마는 TV보시면서 저보고는 방에 들어가서 공부 하라고 하실 때요."
"엄마는 소파에 앉아서 저보고 이래라 저래라 하실 때요. 숙제하라, 공부해라, 책 읽어라 막 그러시거든요."
"오늘 읽어 줄 그림책은 [내가 엄마고 엄마가 나라면]에요."
"어! 엄마랑 아이랑 역할을 바꿔보는 건가요?"
"근데, 표지 그림에서 보이는 엄마의 미소가 약간 무서워요. 뭔가 음흉한 것 같아요."
"그냥 해맑게 웃고 있는 아이가 골탕 먹을 것 같아요."

[내가 엄마고 엄마가 나라면] 그림책은 유치원 가기 싫은 완이가 엄마처럼 놀고 싶다며 엄마랑 나랑 바꾸자는 제안을 하면서 이야기가 시작된다.
엄마는 완이처럼 유치원에 가고, 완이는 엄마처럼 문화센터를 간다. 유치원 생활이 재미있고 유치원 아이들에게 인기도 많은 엄마와는 달리 완이는 뒤죽박죽 엉망인 하루를 보내게 된다.

==하루를 그렇게 보낸 완이는 '엄마가 그냥 엄마 해'라고 말하며 원래 완이로 돌아가고 싶다는 것을 표현한다.==

엄마가 유치원에 나타나자 모두 깜짝 놀랐어요.
옷은 가출을 뗀 모습이 우스꽝스러웠지만, 엄마는 그런 건 신경도 안 썼죠.

훈휴관에서도 마트에서지랬어요.
에어로빅을 하던 아줌마들의 눈이 휘둥그레졌지요.

"완이가 마트에 가서 먹고 싶은 과자를 카트에 막 담는 장면에서 나도 그렇게 해 보고 싶다는 생각을 했어요."

"완이가 엄마 역할을 할 때 조마조마 했어요. 유치원생 밖에 안 되었는데 혼자 이곳저곳 다니는 것이 불안했어요."

"완이 엄마는 참 좋으신 것 같아요. 완이가 말하는 것을 잘 들어주시잖아요. 우리 엄마한테 그런 이야기를 했다가는 크게 혼내 실거에요."

"그럼 부모님도 이 그림책을 읽어 보게 하면 어떨까요? 부모님도 분명 여러분에게 바라시는 것이 있을 것이고, 여러분도 부모님께 바라는 것이 있잖아요. 이 그림책을 보고나서 부모님과 속마음 털어놓기를 해 보는 거예요."

독서 후 활동 – 속 마음 털어놓기

　부모님께는 '[내가 엄마고 엄마가 나라면] 그림책 보시고 자녀와 속마음 털어놓기를 해 주세요'라고 따로 연락을 드렸다. 그러자 바로 온 유 어머님이 답문을 보내셨다.
　'이건 부모 숙제잖아요. 시간이 없는데… 그래도 숙제니까 할게요.'
　불만이 섞인 문자이다. 그래도 숙제를 하신다고 하시니 다행이다.
　다음 날, 속마음 털어놓기를 한 아이들의 이야기를 듣고 싶었다.
　"어제 속마음 털어놓기 어땠나요?"
　"부모님이 뭐 때문에 힘드시고 바쁘신지 조금 알게 되었어요."
　"선생님, 저는 학습지만이라도 줄여 달라고 말씀 드렸는데 그렇게 해 주시겠다고 하셨어요. 대신 학원 열심히 다니는 조건이 있었지만요."
　하늘이가 신나서 말했다. 학습지만이라도 줄여 주셨다니 다행이다.
　"저희 엄마는 속마음 털어놓기 숙제가 있어서 귀찮고 싫었는데, 막상 해 보니 좋다고 하셨어요. 다음엔 엄마랑 단둘이 카페 가서 이야기하기로 했어요."
　모든 아이들이 숙제를 하진 않았지만, 한 아이들은 대부분 긍정적인 효과가 있었다고 말했다.
　고학년이 되면서 아이들도 많이 바빠진다. 저학년 때보다 학원도 많이 다니고, 학교 수업도 늦게 끝난다. 그러다보니 휴식 시간엔 아이들이 좋아하는 스마트폰으로 스트레스를 푸는 아이들이 많다. 이러다 보니 많은 부모님들이 아이와 속마음을 나눌 시간을 가지기가 어렵다.
　바쁜 일상에 지쳐 아이들의 말수가 적어지고 부모님과의 대화도 점점 줄어든다. 또한 책 읽는 시간도 고학년이 될수록 줄어든다.

 책 읽는 시간도 갖고 속마음도 나눌 수 있는 방법 중에 하나가 부모님과 함께 그림책 읽기이다. 즉, 부모님과 아이가 함께 공유할 수 있는 주제의 그림책을 골라 함께 읽고 서로의 마음을 나누면 두 가지가 모두 해결된다.

부모와 아이가 바꿔서 해볼 일

- 아이가 부모님 손톱, 발톱 깎아주기
- 부모가 아이에게 고민 말하고 해결책 물어보기
- 아이가 부모의 일터 방문해서 일하는 모습 그리기
- 엄마와 아이가 보는 TV 프로그램 바꿔보기
- 아이 주도로 시장 보기
- 부모는 아이거 공부하고 아이는 1달 지출내용 파악하기
- 아이는 설겆이, 빨래하고 부모는 게임하기

[독서 지도안]

단계	그림책 수업 주제	내용	활동
독서 전	책 제목과 관련된 경험이나 생각 나누기	• 엄마와 역할이 바뀌었으면 하고 바란 적이 있나요? • 책 제목과 앞 표지를 보니 어떤 이야기가 나올 것 같나요?	• 책 제목을 보고 생각 나누기
독서 중	『내가 엄마고 엄마가 나라면』를 보고 든 생각이나 느낌은?	• 엄마와 역할이 바뀐다면 어떤 것을 해 보고 싶나요? • 어떤 장면이 재미있었나요? • 완이 엄마는 어떤 사람인 것 같나요? • 특히 인상적인 부분은 어디인가요?	• 질문 만들기 – '왜–만약–어떻게' 질문 만들기 – 짝끼리 질문하고 답하기
독서 후	1. 부모님과 책 내용 공유하기	• 부모님께 『내가 엄마고 엄마가 나라면』그림책을 읽어 주세요. • 부모님의 반응은 어떨 것 같나요?	– 부모님께 그림책 읽어주기 – 또는, 상대의 속 마음을 알고 싶은 가족에게 그림책 읽어주기
	2. 서로의 속 마음 알아보기	• 평소 내가 힘들고 속상한 것은? 부모님께 바라는 점은? • 부모님께서 겪고 있는 어려움은?	– 속 마음 털어놓기
	3. 속 마음을 알고 난 후 전하고 싶은 말은?	• 속 마음 털어 놓기를 하니 어땠나요? • 내가 몰랐던 부모님의 마음은? 부모님께 전하고 싶은 말은?	• 편지쓰기 – 속 마음 털어 놓기를 하고 나니~

상장 만들기

『엄마까투리』

엄마 까투리 표지
권정생 글, 김세현 그림, 낮은산 발행(2008.05)

"선생님, 저희 집 개가 새끼를 낳았어요."
등교하는 하늘이가 교실에 들어오자마자 말한다.
"어머, 정말? 축하해 하늘아~. 어미 개랑 강아지랑 다 건강한 거지?"
"네. 근데 순둥이가... 강아지를 보러 가까이 갔더니 순둥이가 글쎄 저한테 으르렁거렸어요. 아빠가 그러시는데요 개는 모성애가 강해서 새끼를 보호하려고 그렇데요."

"오늘은 모성애가 강한 동물에 대한 이야기를 좀 해 줄까?"
"네, 좋아요. 어떤 그림책 읽어 주실 거예요?"
"오늘 국어 시간에 읽어 줄 그림책은 [엄마 까투리]이에요."
"선생님, 그런데 까투리가 뭐에요?"
"표지 그림을 보고 까투리가 뭔지 생각해 볼까요?"
"새 종류 중에 하나일 것 같긴 한데, 정확히 무슨 새인지 모르겠어요."
"표지 그림은 까투리를 그대로 그리거나 사진을 찍은 것이 아니라서 뭔지 정확히 모르겠어요."
"그럴 수도 있겠네요. 꿩 중에 암컷을 까투리라고 해요. 엄마 까투리 등에 아기 꿩들이 올라타 있는데 무슨 의미일 것 같아요?"
"선생님~ 아기 꿩이 9마리나 되네요? 엄마 까투리가 힘들게 아기 꿩들을 키우는 내용일 것 같아요."
"제목이 엄마 까투리이고 표지 그림에도 아기 꿩들을 등에 업고 있는 걸 보니까 엄마 까투리가 아기 꿩들을 위해 뭔가를 할 것 같아요."
"과연 이 그림책에서 엄마 까투리는 어떤 역할을 하게 될 것인지 한번 읽어 볼까요?"

[엄마 까투리] 그림책은 큰 산불 속에서 아홉 마리의 아기 꿩들을 지켜낸 까투리의 모성애에 대한 이야기다. 아홉 마리의 아기 꿩들을 돌보며 살아가던 까투리는 큰 산불이 나자 본능적으로 날아가지만 몸을 피하지 못하고 새끼들에게 다시 날아온다. 엄마 까투리는 결국 새끼들을 품에 안고 재가 된다. 그러나 타 죽은 엄마 품속에서 새끼들은 다치지 않은 채, 모두 살아남는다. 새끼들은 커다랗게 자랐지만 엄마 냄새가 남아 있는 그곳에 함께 모여 보듬고 잠이 든다.

"선생님, 이야기가 너무 슬퍼요."

"엄마 까투리가 재가 될 동안에 얼마나 힘들고 무서웠을까요?"

"엄마 까투리는 대단한 것 같아요. 자신의 목숨을 희생해서 아기 꿩들의 목숨을 구했잖아요."

"그런 걸 엄마의 모성애라고 하는 거야."

동호가 으스대며 말했다.

"맞아요. 동물들도 사람처럼 모성애가 강한 동물들이 많아요. 이 이야기도 엄마 까투리의 모성애에 대한 것이에요. 여러분의 엄마들도 여러분을 위해 많은 것을 희생하고 계실 거예요. 엄마 자신보다 여러분들을 더 생각해 준다고 느낄 때는 언제인지 말해 볼까요?"

"저희 엄마는 아프셔서 누워 계시다가도 제가 배고프다고 하면 벌떡 일어나셔서 밥을 차려 주세요. 그럴 때 너무 감사해요."

"제가 아프면 잠도 못 주무시고 간호해 주실 때요."

"엄마 옷은 아무거나 사시면서 제 옷은 비싼 옷 사 주실 때요."

"맛있는 거 있으면 저희들 먼저 주시느라 엄마는 거의 못 드실 때요."

"우리는 학원 갔다 오면 편히 쉬는데 엄마는 퇴근하시고도 쉬지도 못하세요. 저녁도 차려야 되고 설거지도 해야 되고 빨래도 해야 되고… 하시는 일이 너무 많아요."

"여러분들의 엄마는 정말 대단하시죠? 그런 엄마를 위해 상장을 만들어 드리기로 해요. 상장의 이름은 여러분이 지어 보세요. 배려상, 너그러움상, 사랑상, 끈기상, 봉사상, 요리왕상 등 여러분들의 엄마에게 어울리는 상장을 만들어 보세요."

독서 후 활동 – 엄마를 위해 상장 만들기

 학교에서 실제로 상을 줄 때 쓰는 상장 용지를 아이들에게 한 장씩 나눠 주었다. 상장 용지를 받자 아이들은 12색 네임펜을 이용하여 정성스럽게 글을 썼다. 그림을 그리는 아이도 있었다. 대호는 어떤 상장을 만들고 있는지 궁금하여 대호 옆으로 가서 슬쩍 보았다.
 '사랑듬뿍상. 위 엄마는 언제나 씩씩하시고 저에게 사랑을 듬뿍 주십니다. 공부하라는 말씀을 제일 많이 하시지만 모두 저를 사랑해서 그런 것입니다. 마음은 착하시고, 언제나 저에 대한 사랑으로 가득하십니다. 제가 가장 사랑하는 엄마에게 씩씩한 아들 나대호가 이 상을 수여합니다.'
 대호의 상장을 보면서 속으로 감탄을 했다. 대호의 글 솜씨도 많이 좋아졌고, 대호의 글 속에 사랑과 감동이 담겨 있었기 때문이다.
 "오늘 만든 상장을 집에 가서 꼭 전해 드리도록 하세요."

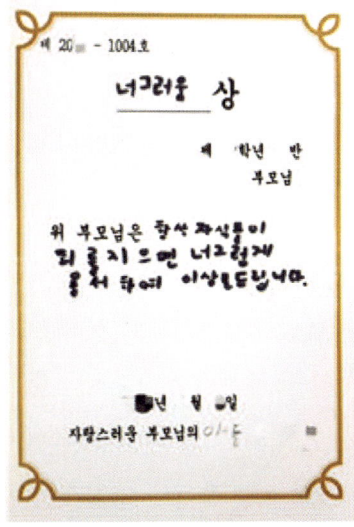 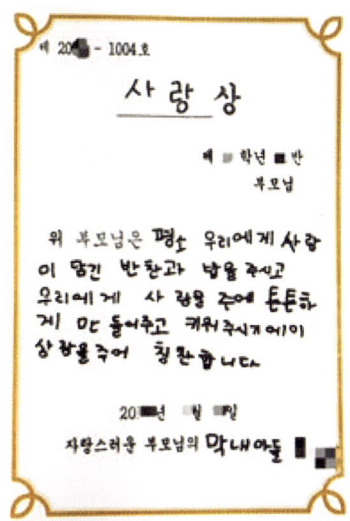

다음 날 오후, 아이들이 모두 하교한 후라서 혼자 교실에서 업무를 보고 있었다. 갑자기 교실 앞문이 스스륵 열렸다. 대호 어머님이 내빈용 실내화를 신고 아주 조심스럽게 교실로 들어오셨다.

"선생님, 안녕하세요?"

대호 어머니다. 학기 초에 뵀던 쌩하던 모습과는 완연히 다르게 온화한 표정이다.

"네. 대호 어머님. 안녕하세요? 연락도 없이 어쩐 일로 이렇게…?"

"선생님, 제가 학년 초에 처음 선생님 뵙고 무례하게 굴었던 점 사과드리려고 왔어요. 제가 워낙 아이 성적 때문에 예민했었어요. 주변 엄마들이 워낙 극성스러워서…그만… 전 학원만 보내면 될 줄 알았는데 대호가 조금씩 밝아지는 거 보면서 실은 선생님께 무례하게 굴었던 게 계속 맘에 걸려 불편 했었어요. 그런데 어제 이 상장을 받아보고 도저히 그냥 있을 수가 없더라구요. 죄송해서… 선생님께 감사하기도 하구요."

"아유 아녜요, 어머님. 어머님 마음 다 이해합니다. 다들 그러시거든요~. 다들 고학년쯤 되면 공부에 신경을 많이 쓰셔요. 전 익숙해져서 괜찮아요. 오히려 별말씀 없이 제가 해 온 걸 지켜봐 주셔서 제가 더 감사해요. 고맙습니다."

대호 어머님 손에는 어제 대호가 만든 상장이 들려 있었다.

"아유 선생님. 더 죄송해지게 왜 그러세요. 정말… 사실 여태껏 대호한테 받은 편지는 다 '감사합니다.', '사랑합니다.' 정도로 가벼운 느낌이었거든요. 그리고 우리 대호한테 계속 공부하라는 잔소리만 해서 제 맘을 잘 모르는 줄 알았어요. 솔직히 좀 섭섭하기도 하고… 절 싫어하는 줄로만 알았는데… 그게 맘이 참 아팠어요. 그런데 이렇게 감동적인 상장을 받을 줄은… 꿈에도 상상을 못했어요. 사실 5학년 되면서 대호가 동생한테 책도 잘 읽어주고, 가끔 혼자서 책도 읽는 걸 보면서 기특하다고 생각했거든요. 말은 못했지만… 이 모든 게 다 선생님 덕분입니다. 고맙습니다.”

대호 어머님의 눈가에 살짝 눈물이 글썽였다.

"정말 이렇게 찾아와 주셔서 제가 너무 고맙습니다, 대호 어머니. 우리 대호가 처음 봤을 때보다 엄청 밝아지고 표현력도 좋아지고 문장력도 정말 좋아졌어요. 아시죠? 대호가 어머님께 드린 상장에 쓴 문장? 우리 대호 워낙 똑똑한 아이니까 너무 걱정하지 마시고 하고 싶은 축구 좀 더 하게 해주시면 좋을 것 같아요. 어떻게 괜찮으시겠어요?”

"아~하! 네~그… 그렇긴 한데… 그래도 이제 6학년 올라가기 전에 공부를 좀 더 해야 하지 않을까요?”

"하하. 대호 어머니~~ 너무 걱정 안하셔도 대호 잘 해 낼 거예요~ 지금까지 해 온 거 보면요~ 아이들 스스로 찾아서 할 수 있도록 제가 남은 학기 동안 열심히 가르치겠습니다.”

"아~하! 뭐… 그렇긴 한데요… 그보다 대호는 선생님이 읽어주시는 그림책이 너무 재미있다고… 그 전에 비해 말투며 행동도 많이 커버린 것 같기도 하고 애 아빠도 좋아하거든요. 제가 그림책을 무시했었는데 지금 와서 보면 불과 반년만인데… 선생님 말씀대로 그냥 기다려 볼까요?…”

"네, 어머니. 저도 어제 대호가 만든 상장을 살짝 봤는데, 참 잘 만들었더라구요. 대호의 변화가 저도 너무 감사하고 좋네요. 어머님께서 제가 내주는 숙제를 잘 해 주신 덕분이기도 하니까요. 남은 2학기 동안도 잘 부탁드립니다.”

"네. 그럼 전 선생님만 믿고 우리 대호 다그치지 않을게요. 남은 5학년도 잘 부탁드려요. 아유~ 6학년도 선생님이 맡아 주시면 얼마나 좋을까~~"

"하하. 말씀이라도 그렇게 해 주셔서 고맙습니다. 어머님."

 대호에게 상장을 받으시면 감동을 받으시겠다고는 생각하고 있었지만, 대호 어머님이 이렇게 빨리 직접 찾아오셔서 솔직히 말씀해 주시리라곤 미처 생각하지 못했다. 다른 어머님들보다 조금 더 극성스러운 분이라고 생각했는데 역시 엄마는 엄마일 뿐이다. 그저 금쪽같은 자식이 잘 되길 바라는 마음일 뿐…

 아이들에게 꾸준히 그림책을 읽어 주면 작은 변화들이 쌓여 큰 변화가 생긴다. 마치 콩나물시루에 물을 주는 것과 같다. 밑 빠진 콩나물시루에 물을 주고 그 물이 흘러내리는 것을 보면 헛수고한 것 같지만 그렇게 계속 물을 주다 보면 어느덧 콩나물이 쑥 자라 있는 것을 볼 수 있다. 독서교육도 마찬가지다. 아이들에게 그림책을 꾸준히 읽어 주다보면 어느덧 책을 좋아하게 되고 생각이 자라 있는 것을 볼 수 있게 될 것이다.

[독서 지도안]

엄마 까투리 [독서지도안]			
단계	그림책 수업 주제	내용	활동
독서 전	책 제목과 앞 표지를 보고 궁금한 점이나 느낌 나누기	• 까투리가 무엇일까요? • 앞 표지 그림의 의미가 무엇일까요? • 내가 알고 있는 동물의 모성애 관련 이야기는?	• 까투리에 대해 알기 • 앞 표지 그림의 의미 생각하기
독서 중	『엄마 까투리』를 보면서 무슨 생각을 했나요?	• 엄마 까투리는 왜 그런 행동을 했을까요? • 이 그림책을 읽고 난 후의 느낌은? 왜 그런 느낌을 받았나? • 살아 남은 아기 까투리들은 어떻게 살아갈까요?	• 핫시팅하기 - 엄마 까투리에게 하고 싶은 질문은? - 엄마 까투리라면 어떻게 대답할 것인가?
독서 후	1. 등장 인물에게 해 주고 싶은 말은?	• 엄마 까투리에게 무슨 말을 해 주고 싶나요? • 아기 까투리에게 무슨 말을 해 주고 싶나요? • 이 그림책 작가에게 하고 싶은 말은?	- 편지쓰기 - 엄마 까투리, 아기 까투리, 작가 등
	2. 부모님께 드리고 싶은 상장은?	• 우리 부모님은 어떤 것을 잘 하거나 어떤 점이 좋은가요? • 부모님께 드리고 싶은 상장 이름은?(사랑듬뿍상, 배려상, 요리왕상, 너그러움상 등)	- 상장 이름 정하기(OO상) - 상장 만들기(상장 용지에)
	3. 상장을 받은 부모님의 소감은?	• 상장을 받은 부모님은 어떤 말을 해 주셨나요? • 일기장이나 알림장에 부모님의 소감 받기	• 부모님의 소감 받기

책 속 주인공의 친구가 되다

『큰 나무가 된 지팡이』

큰 나무가 된 지팡이 표지
김율도 글, 율도국 발행(2020.11)

매년 장애인의 날인 4월 20일쯤엔 장애 이해 교육을 한다. 안대를 쓰고 시각 장애인 체험을 해 보고, 입에 연필을 물고 구족화가처럼 그림도 그려 보는 등 체험 위주의 교육을 주로 했다.

체험 위주의 교육을 하면 장애인의 불편한 점을 알고, 장애인의 입장을 더 잘 이해할 거라고 생각했다. 그러나 학생들은 체험을 재미로만 느끼는 것 같았다. 그래서 올해는 동화책을 통해 장애인의 마음을 공감하고 인간애를 가지고 서로 돕고 살아야 되겠다는 생각을 가질 수 있게 하고 싶다.

  [큰 나무가 된 지팡이]는 장애를 가진 주인공이 친구들에게 놀림을 받지만 엄마의 지혜로 극복한다. 여자친구 승희를 좋아하지만 순조롭게 되지 않아 상처를 받지만 이해하고, 여자친구가 아빠에게 맞는 장면을 보고 돌을 던지며 항변한다. 6년전에 잃어버린 지팡이가 큰 나무로 변해 있는 것을 보고 희망을 갖는 이야기다.

  실물화상기로 동화책 표지를 보여주었다.
  "책 표지를 보고 드는 생각이나 느낌, 궁금한 점을 이야기해 주세요"
  "낭떠러지에 집이 있으면 안 될 것 같은데 낭떠러지에 집이 있어서 좀 이상해요."
  "책 제목이 [큰 나무가 된 지팡이]인데, 지팡이가 나무가 될 수 있어요?"
  "야! 있잖아. 무슨 스님인가가 지팡이를 꽂아 놓았는데 은행나무가 되었다는 이야기 있잖아. 그러니까 지팡이도 나무가 될 수 있겠지."
  "시우가 말한 스님은 의상대사예요. 경기도 양평에 있는 용문산 은행나무에 얽힌 전실인데요, 의상대사가 짚고 다니던 지팡이를 꽂아 놓은 것이 자라서 나무가 되었다는 거예요."
  "밑에 작게 보이는 집은 부잣집, 위에 있는 집은 가난한 집 같아요."
  "집에 가다가 조금이라도 삐끗하면 바로 낭떠러지로 떨어질 것 같아아슬아슬해 보여요."

"어린아이가 지팡이를 짚고 가는 것이 이상해요. 뭔가 불편한 곳이 있는 것 같아요."

"낭떠러지 위에 있는 집은 누구의 집이며 왜 낭떠러지 위에 있는지, 어린아이가 왜 지팡이를 짚고 가고 있는지 책을 통해 여러분의 궁금증을 해결해 보도록 할게요."

"아이들이 레오가 걷는 모습을 흉내 내면서 놀렸을 때와 머리에 모래를 뿌렸을 때, 레오의 마음은 어땠을까요?"

"화가 났을 것 같아요. 흉내 내면서 놀렸던 아이들이 벌을 받을 것 같아요."

"짜증 났을 것 같아요. 엄마나 아빠, 선생님께 말해서 혼내 주고 싶어요."

"울고 싶었을 것 같아요. 이건 완전히 학교폭력이네요."

아이들은 마치 자기가 놀림을 받고 있는 것처럼 분노했다.

"그럼 승희를 만나고 아침에 있었던 일이 자꾸 떠올라 상상의 나래를 펴며 싱긋 미소 짓기도 하고 희죽희죽 웃기도 했다고 나오는데 어떤 상상을 했을까요?"

"데이트하는 상상이요."

"고백하는 장면을 떠올렸을 것 같아요."

이곳저곳에서 킥킥거리며 웃는 소리가 들린다. 아이들도 레오처럼 상상을 하고 있는 것 같다.

"어진이가 쭉 가방을 들어주고 싶다고 했는데, 레오는 왜 거절했을까요?"

"친구한테 매번 가방을 맡기면 왠지 친구가 아니라 동생이 된 느낌일 것 같아서요."

"레오도 스스로 하고 싶을 것 같아요."

"다리가 불편해도 할 수 있다는 것을 보여주고 싶었을 것 같아요."

"친구한테 미안해서요."

"근데, 어진이가 가방 안 들어 주면 같이 갈 필요 없다고 말했을 땐 더 자존심 상하고 속상했을 것 같아요."

"승희가 아빠한테 맞고 있을 때 레오가 승희 아빠한테 돌을 던졌잖아요. 이 부분에선 어떤 생각이나 느낌이 들었나요?"

"승희가 시원해 할 것 같아요. 대신 돌을 던져 주어서요."

"승희 아빠는 굉장히 화가 많은 분인 것 같아요."

"승희 아빠는 경찰이 아닌 것 같아요."

"레오가 있어서 든든했던 것 같아요."

"꿈에서 6년 전에 버린 지팡이가 나무로 자라난 것을 보았을 때 왜 기분이 좋았다고 했나요?"

"죽은 줄 알았던 나무가 무성하게 자라나듯 엄마도 건강하게 일어날 것 같았서요."

"비록 꿈이지만 힘이 나는 것 같아서요."

독서 후 활동 – 주인공에게 편지쓰기

"레오에게 어떤 말을 해 주고 싶나요? 편지로 써 보도록 해요."

'장애가 있다고 속상해 하지마. 어진이라는 좋은 친구도 있잖아. 기운을 내.'

'레오야, 장애가 있어서 많이 힘들지? 내가 도와줄 수 없어서 미안해. 그렇지만 너는 힘이 세서 잘 이겨 낼 거야. 나도 너에게 힘이 되어 주고 싶어.'

'나라면 힘들어서 포기했을 것 같은데, 레오는 씩씩하게 잘 지내서 참 기특한 것 같아. 그런 너를 보는 내 기분도 하늘을 날아갈 듯이 기쁘더라. 앞으로도 화이팅!'

아이들은 편지를 쓰면서 레오의 입장을 더 생각해 보는 것 같았다. 책으로 만난 레오지만 마치 자신의 친구를 걱정하고 응원해 주듯이 편지를 썼다.

[큰 나무가 된 지팡이]를 한 챕터씩 10일에 걸쳐 조금씩 읽어주고, 서로의 생각이나 느낌을 나누었다. 10일 동안 레오는 우리의 친구였다. 책 속의 레오처럼 한 글자 한 글자에 웃기도 하고 울기도 하고 속상해 하기도 했다. 그러면서 장애를 가지고 살아간다는 것이 얼마나 힘든 것인지 조금씩 느끼고, 그런 친구와 함께 잘 살아가기 위해 내가 어떻게 해야 될지 생각해 보는 시간이었다.

[독서 지도안]

큰 나무가 된 지팡이 [독서지도안]				
단계	그림책 수업 주제	내용	활동
독서 전	앞 표지를 보고 드는 느낌과 궁금한 점은?	• 장애인을 보면 어떤 생각이 드나요? • 내가 다치거나 장애인이 된다면 어떨 것 같나요?	• 장애 종류 말하기
독서 중	『큰 나무가 된 지팡이』를 읽으면서 특히 인상적인 부분들을 정리해 봅시다.	• 내가 놀림을 받는다면? • 좋아하는 이성친구에게 고백하기 • 소중한 것을 잃어버렸을 때 긍정적인 마음 갖기 • 나에게 희망을 주는 물건이나 자연은?	• 토론 • 상황극 해보기 – 내가 주인공이라면 – 내가 상대방이라면
독서 후	1. 장애인과 어울려 살아가기	• 내가 장애인을 도와줄 수 있는 것은? • 장애인이 되었다고 가정하고 남을 도울 수 있는 방법은?	– 눈 가리고 친구 도와 주기 – 다리 묶고 친구 도와 주기 – 귀 막고 친구 도와 주기
	2. 마음 표현하기	• 장애인을 도울 때 어떤 마음으로 하나요? • 새롭게 알게 된 사실은?	– 위로나 조언의 말은? – 봉사는 자랑이나 의무가 아닌 진정한 마음으로 하기
	3. 내가 어려운 일 당했을 때	• 어떻게 이겨 내나요?	• 상황극 해보기 – 엄마가 다쳤다면? – 하수도에 빠졌다면? – 어른이 아이를 때리는 것을 보았다면?

PART III

1. 그림책으로 학교 적응
2. 재미있는 책 놀이

1. 그림책으로 학교 적응

책 수다

『헤엄이』

헤엄이 표지
레오 리오니 글·그림, 김난령 옮김, 시공주니어 발행(2019.01)

　아침에 아이들에게 계속 책을 읽고 있으라고 하고 15분 정도의 짧은 교직원 회의가 끝나고 교실로 왔다. 선생님이 안 계시니 떠들고 노는 것이 당연하겠지만 그래도 아이들이 조용히 앉아서 책 읽고 있는 풍경을 바라게 된다.

앞문을 여는 순간 그 바램은 역시 희망 사항일 뿐이었다. 그나마 뛰어 놀고 있지 않은 것만으로도 다행으로 여길 수밖에.

내가 교실로 들어가자 대부분의 아이들은 다시 책을 읽는 시늉을 한다. 그러나 준호와 준호 주변에 있는 아이 3명은 선생님이 들어오신 줄도 모르고 뭐가 그렇게 재미있는지 낄낄거리며 계속 이야기 중이다.

"오늘은 책 수다를 한 번 떨어볼까요?"

"책 수다요? 수다는 많이 떨어봤지만 책 수다는 뭐에요?"

책 수다라는 말이 모두 낯선지 다음 설명을 기다리는 눈빛이다.

"책 수다는 책을 읽고 하는 수다에요. 선생님이 오늘 읽어 줄 책은 [헤엄이] 그림책이에요. 이 책을 잘 듣고 모둠 친구들과 수다를 떨어봐요."

==[헤엄이] 그림책은 그림책의 노벨상이라고 불리는 칼데콧 상을 받은 그림책이에요. 이 책은 무슨 이야기일 것 같아요?==

"준호는 헤엄이가 무슨 뜻일 것 같아요?"

"헤엄이니까 헤엄을 친다는 뜻이겠죠!"

준호가 심드렁하게 말했다.

"헤엄을 잘 치는 물고기가 나오는 이야기일 것 같아요."

평소 책을 많이 읽는 수진이가 덧붙여 말했다.

"준호와 수진이가 잘 대답해 주었는데요. 헤엄이가 어떤 물고기인지는 잘 들어 보세요. 표지에서 누가 헤엄이일 것 같아요?"

"검은색 물고기요."

어렵지 않은 질문이라 그런지 많은 아이들이 큰 소리로 대답했다.

==" 모두 빨간색 물고기들이었죠. 그 가운데 한 마리만이 홍합 껍데기처럼 새까만 색이었습니다. 이름은 '헤엄이'였어요. 다른 친구들보다==

헤엄을 잘 쳤기 때문이지요."

이어서 그림책을 끝까지 읽어주었다.

[헤엄이]를 요약하면 바닷속 한구석에 모두 빨간색 물고기들었는데, 한 마리만이 새까만 색이었다. 이름은 '헤엄이'였다. 어느 날, 배가 몹시 고픈 다랑어가 빨간 물고기 떼를 한입에 삼켜 버렸다. 헤엄이만 겨우 도망을 쳤다. 무섭고 외로웠던 헤엄이는 바닷속으로 깊이 헤엄쳐 들어가 여기저기 구경하며 다녔다. 그러다 바위와 물풀 사이에 헤엄이와 닮은 작은 물고기 떼가 숨어 있는 것이 보였다. 큰 물고기들한테 잡아먹힐까봐 숨어 있는 것이었다. 언제까지 숨어만 있을 수는 없다고 생각한 헤엄이는 제일 큰 물고기 모양을 만들어서 헤엄치자고 말하고 자신은 커다란 물고기의 눈이 되었다.

독서 후 활동 - 수다 떨기

"이제 모둠 친구들과 [헤엄이]에 대해 수다를 떨어보세요. 헤엄이와 관련된 어떤 이야기도 괜찮아요. 15분의 시간을 줄테니 그 시간동안 수다를 떨어보세요. 수다니까 따로 발표는 안 하도록 하겠습니다."

아이들이 책 수다를 떠는 동안 나는 이 모둠 저 모둠 돌아다니면서 아이들이 하는 이야기들을 들어보았다.

"헤엄이가 참 용기 있는 것 같아."

"헤엄이 혼자 있을 때는 왠지 불쌍했어."

"빨간 물고기들은 겁이 많은 것 같아."

서로 맞장구를 치며 신나게 이야기를 한다.

조용조용 이야기하는 모둠이 있고, 큰 소리로 이야기하는 모둠도 있었다.

준호네 모둠은 역시 목소리가 크다.

"야, 헤엄이가 나 같지 않냐? 나도 축구 엄청 잘 하잖아. 내가 축구할 때는 해결사 역할을 하잖아."

준호도 신나게 친구들과 이야기를 하고 있다.

그림책 [헤엄이] 의 주제는 용기이다. 이론적으로 주제에 대해 토론하자고 하면 너무 뭔가 공부하는 느낌이 들어 잘 하지 않는다. 하지만 가볍게 수다를 떨자는 컨셉으로 다가가면 자연스럽게 주제를 스스로 파악하게 된다. 아이들이 책 읽기를 거부하는 이유 중에 하나는 책을 다 읽고 나서 생각이나 느낌을 쓰거나 말해 보라고 강요받기 때문이다.

그러나 지금 친구들과 즐겁게 책 수다를 떠는 동안에 자연스럽게 자신의 생각을 표현하고 있다.

수다란 것이 부담감 없이 말한다는 특징이 있듯이 책 수다도 아이들이 부담 없이 책에 대해 이야기를 나누는 것이다. 그러면서 책과 친숙해진다.

수다도 힘이 될 수 있다. 마음껏 하고싶은 말을 발산하면 속이 후련해지고 개운해져 새로운 힘이 솟는다.

[독서 지도안]

	헤엄이 [독서지도안]		
단계	그림책 수업 주제	내용	활동
독서 전	책 제목을 보고 내용 짐작하기	• '헤엄이'가 무슨 뜻인 것 같나요? 어떤 물고기로 나올 것 같나요? • 물고기에게 무슨 일이 생길 것 같나요?	• 책 내용 짐작하기
독서 중	『헤엄이』를 보면서 짐작했던 내용과 비교하기	• 색깔이 다른 헤엄이는 어떤 취급을 받았나요? 헤엄이는 어떤 기분이었을까요? • 헤엄이는 어떻게 작은 물고기들의 위험을 해결했나요?	• 상황극 해 보기 – 내가 헤엄이였다면 – 내가 작은 물고기였다면
독서 후	1. 자유롭게 이야기 나누기	• 이 그림책을 읽고 난 후 든 생각이나 느낌은? • 헤엄이처럼 따돌림을 당한다면 어떨 것 같나? • 작은 물고기들에게 해 주고 싶은 말은?	– 모둠 친구들과 책 수다
	2. 이야기 하면서 나온 질문	• 모둠 친구들과 자유롭게 이야기를 나눠보세요. • 이야기를 나누면서 질문 하나를 만들어 보세요. • 다른 모둠의 질문 중 마음에 드는 질문은? • 마음에 드는 질문이 있는 모둠으로 이동하여 그 질문에 대해 생각을 나누고, 새로운 질문을 만들어 보세요.	• 비경쟁 토론 – 질문 만들기 – 질문에 대한 생각 나누고 새로운 질문 만들기
	3. 이 그림책을 추천해 준다면?	• 누구에게 이 그림책을 추천해 주고 싶나요? • 추천해 주고 싶은 이유는?	• 책 띠지 만들기 – 추천하고 싶은 사람, 추천 이유를 넣기

한솥밥 먹기

『개구리네 한솥밥』

개구리네 한솥밥 표지
백석 글, 유애로 그림, 보림 발행(2001.11)

"내일은 아침 먹고 오지 마세요."

"네? 아침밥 먹고 가야 공부도 잘 한다고 엄마가 맨날 잔소리한단 말이에요."

"한국말은 끝까지 들어봐야 해요. 내일 아침은 학교에서 먹을 거예요. 모둠별로 한솥밥 먹기 하려고요. 모둠별로 각자 가져올 거 정해서 함께 밥을 비벼 먹을 거에요."

"선생님 근데 한솥밥이란 말은 처음 들어봐요. 그게 뭐에요?"

"사실은 선생님이 한솥밥이 뭔지 그림책으로 알려주려고 준비해 두었거든요. [개구리네 한솥밥] 그림책은 다른 그림책과 좀 달라요. 이야기를 그림책으로 만든 것이 아니라 백석 시인의 시를 그림책으로 만든 거에요."

"선생님, 제목이 [개구리네 한솥밥]이니까 개구리 가족들이 한솥밥을 먹는 내용일 것 같아요."

제목에 대해 물어보기 전에 수경이가 먼저 말했다. 그림책을 많이 읽어 줬더니 이제 물어보기도 전에 이렇게 미리 말하기도 한다.

"그럴까요? 표지 그림을 잘 보세요. 개구리 가족처럼 보이나요?"

"아니요. 개구리, 방아깨비... 다른 동물들은 누군지 모르겠지만 다 다른 동물들이에요."

"다 다른 동물들이 어떻게 한 자리에 모여 앉았지?"

하은이가 궁금한 듯 물었다.

제목과 표지를 보면서 내용을 짐작해 보는 활동을 아이들은 즐기고 있었다. '제목을 왜 이렇게 지었을까?', '이런 제목이니까 이런 내용이 나오겠지?', '왜 이런 표지 그림을 그렸을까?', '표지 그림이 담고 있는 것은 뭘까?' 등의 질문을 하게 되고, 질문에 대한 답을 생각하면서 사고력과 상상력이 길러지게 된다.

"옛날 어느 곳에 개구리 하나 살았네, 가난하나 마음 착한 개구리 하나 살았네."

"선생님, 잘못 읽으신 거 아니에요? 개구리는 하나가 아니라 한 마리잖아요."

"아니에요. 책에 써 있는 그대로 읽고 있어요. [개구리네 한솥밥]이 1957년에 북한에서 출간한 동화시집에 실려 있었다고 해요. 아마도 그 시절 북한에서는 이렇게 표현했을 수도 있어요."

"개구리 하나라는 말이 재미있어요. 강아지 하나, 토끼 하나."

"하하. 그럴 수도 있겠네요. 계속 읽어 줄게요. 개구리 덥석덥석 길을 가노라니 길가 봇도랑에 우는 소리 들렸네."

"봇도랑? 로봇도랑? 선생님, 봇도랑이 뭐에요?"

무엇이든 궁금한 것은 바로 해결하고 싶어하는 세윤이의 질문이다. 말장난인 듯 하지만 이렇게 생각해 보는 자체는 어휘력 향상에 도움이 된다. 언어를 가지고 놀 줄 알려면 그 말의 의미나 뜻이 비슷하거나 발음이 비슷한 말을 생각해야 하기 때문이다.

"봇도랑이란 말은 선생님도 낯선 단어에요. 그래서 미리 국어사전으로 찾아보았는데 '봇물을 대거나 빼게 만든 도랑'이란 뜻이더라구요."

"봇물이랑 도랑이 뭔지도 모르겠어요."

"봇물이랑 도랑은 다 같이 찾아볼까요? 각자 국어사전을 꺼내서 찾아주세요."

오이반은 국어사전이 늘 책상 서랍 속에 준비되어 있다. 책을 읽다가 모르는 단어가 나오면 바로 찾아보기 위해 준비해 놓은 것이다. 스마트폰이나 컴퓨터로 쉽게 검색할 수 있지만 국어사전으로 찾으면 유의어, 반대어, 예시 등을 같이 볼 수 있어서 어휘력 확장에 도움이 된다.

"선생님 찾았어요. 봇물은 '보에 괸 물. 또는 거기서 흘러내리는 물'이래요. 근데, '보'도 다시 찾아 봐야겠어요."

"선생님 '보'는 너무 많아요. 20개는 되는 것 같아요."

"많이 나오는 '보'를 하나씩 읽어보면서 '봇물'의 '보'는 무엇일까 생각해 봐야 되요."

"찾은 것 같아요. '논에 물을 대기 위한 수리 시설의 하나. 둑을 쌓아 흐르는 냇물을 막고 그 물을 담아 두는 곳이다' 하나씩 읽다보니까 '봇물'의 '보'라고 써져 있더라구요."

많은 '보' 중에서 '봇물'의 '보'를 다른 친구들보다 일찍 찾아 으쓱해진 미정이가 자랑스럽게 말했다.

"저는 '도랑' 찾았어요. 도랑은 '매우 좁고 작은 개울'이래요."

희진이도 지고 싶지 않다는 듯 바로 말했다.

"소시랑게야, 너 왜 우니? 소시랑게 울다 말고 대답하였네. 발을 다쳐 아파서 운다. 개구리는 바쁜 길 잊어버리고 소시랑게 다친 발 고쳐 주었네."

"노래 같아요. '네'로 다 끝나네요. 선생님 책 읽어 주셨네. 오이반 잘 들었네. 재미있었네. 네로 끝나게 말하니까 재미있어요."

정아가 신나서 말했다.

독서 중 활동 - 말잇기

"그럼 우리 '네'로 끝나는 말 잇기 할까요? 단, 앞 사람이 한 말과 어울려야 되요. 정아부터 해 보세요."
"오늘 [개구리네 한솥밥] 읽어 주셨네."
"백석 시인의 시를 그림책으로 만들었네."
"개구리가 주인공이네."
"개구리는 남을 잘 도와주네."
"발을 다친 소시랑게를 고쳐 주었네."
"길을 잃은 방아깨비 길 가리켜 주었네."
"개구리에게 도움 받은 동물들이 은혜를 갚네."
"모두모두 둘러앉아 한솥밥 먹었네."
갑자기 시작하게 된 '네'로 끝나는 말 잇기로 내용 정리가 다 되었다.
"우리도 한솥밥 빨리 먹고 싶다네."
하늘이의 말에 "나도 그렇다네." 하고 준서가 이어서 말하자 교실은 웃음 바이러스가 퍼진 것처럼 모두 깔깔거리며 웃었다.

[개구리네 한솥밥] 내용을 정리하면 이렇다. 옛날 어느 곳에 가난하지만 마음 착한 개구리가 살았다. 하루는 이 개구리가 쌀 한 말을 얻어 오려고 형을 찾아 먼 길을 나섰다. 길을 가다가 발 다친 소시랑게 고쳐 주고, 길 잃은 방아깨비 길 가리켜 주고, 구멍에 빠진 쇠똥구리 끌어내 주고, 풀에 걸린 하늘소 놓아주고, 물에 빠진 개똥벌레 건져내 주고 하느라고 길이 늦었다. 개구리가 형네 집에 도착했을 때는 날이 저물었고, 쌀 대신에 벼 한 말 얻어서 지고 나왔다. 어둔 길에 무겁게

짐을 진 개구리는 개똥벌레, 하늘소, 쇠똥구리, 방아깨비, 소시랑게의 도움을 받아 흰밥 한솥을 지었다. 뜰에 멍석 깔고 모두모두 둘러앉아 한솥밥을 먹었다.

독서 후 활동 - 한솥밥 먹기

다음날 모둠별로 가져온 밥과 반찬, 고추장, 참기름을 큰 볼에 넣고 비볐다. 동호가 고추장을 많이 넣자고 모둠 친구들을 꼬드겨서 동호네 모둠은 매운 한솥밥을 먹었다.

밥을 함께 먹으면 더 친해진다. 그것도 한솥밥을 먹으면 더더욱 친해진다. 책을 매개로 친구들과의 잊지 못할 추억을 쌓은 것 같다.

[개구리네 한솥밥]엔 낯선 단어들이 꽤 많이 나온다.
단어의 정확한 뜻은 몰라도 의미가 통하는 단어도 있지만, '봇도랑' 같이 의미를 유추하기 힘든 단어도 있다.
[개구리네 한솥밥]은 아이들과 즐거운 추억을 쌓을 수 있는 책이기도 하고 모르는 단어의 의미를 유추하고 국어사전으로 찾아보면서 어휘력도 확장시킬 수 있는 책이다. 또한 시대에 따라 언어도 약간씩 변화된다는 것을 알려 줄 수 있는 책이기도 하다.

참고 - 동시 짓기 지도법

동시는 시의 기법으로 쓴 아동의 눈높이를 담은 것이다.
그러므로 지도할 때 아이의 눈높이를 갖는 것이 중요하다.

논리적인 잣대로 시를 평가하면 안된다.

 누나랑 나랑.
 이것을 '누나랑'이라고 쓰지 말고 '누나와'라고 쓰라고 지도한다면 올바른 가르침이 아니다. '누나랑'은 문법에 어긋나지 않았고 귀엽게 쓴 구어체다.

 어른들의 고정관념을 깨는 동시가 좋은 동시이다.
 4차원적인 생각으로 아이들의 시를 보아야 하고 엉뚱한 생각을 칭찬해 주어야 한다.

귀신은 귀여워 / 김율도

귀신이 무섭다고? / 귀신은 귀여워
얼마나 어린애처럼 음식을 먹길래 / 입가에 캐첩을 묻히고
밤에만 돌아다녀?

귀신이 무섭다고? / 귀신은 귀여워
머리를 감고 제대로 / 말리지도 않고
머리 풀고 돌아다녀?

귀신이 무섭다고? / 귀신은 귀여워
옷은 한 가지만 있는지
흰색만 입고 돌아다녀

귀신은 귀여워, 라는 동시를 보고 '귀신이 무섭지 왜 귀여워?', 라고 질책한다면 잘못된 동시 지도법이다.

귀신은 빨간 캐찹을 묻히고 다니는 것으로 본다면 귀엽다.

딱지치기를 가을걷이 행사로 비유했다. 너무 재미있다고 직접 표현하지 않고 선후(먼저와 나중) 교체도 하고, 이어달리기 할 때까지도 안 끝난다고 하여 얼마나 재미있는지 알 수 있다. 2학년 아이가 너무 잘 썼다.

[독서 지도안]

	개구리네 한솥밥 [독서지도안]		
단계	그림책 수업 주제	내용	활동
독서 전	책 제목과 앞 표지를 보고 내용 짐작하기	• 제목을 왜 이렇게 지었을까? • 제목을 보니 어떤 내용일 것 같나? • 왜 이런 표지 그림을 그렸을까? 표지 그림을 보니 어떤 내용일 것 같나?	• 동화시에 대해 알기 • 책 내용 짐작하기
독서 중	『개구리네 한솥밥』내용 파악하고 인상적인 부분 정리하기	• 특이하거나 재미있는 표현은? 모르는 단어는? • 그림책에 나오는 동물들은? 개구리는 동물들에게 어떤 도움을 주었나요? • 동물들은 개구리를 어떻게 도와주었나요?	• 국어 사전 찾기 - 국어 사전에서 찾은 단어로 문장 만들기
독서 후	1. 재미있는 문장 만들기	• 나오는 표현 중에서 특별히 기억에 남는 표현은? • '~네'로 끝나는 문장을 말해 보세요.	- '~네'로 끝나는 릴레이 문장 만들기
	2. 느낌이나 생각을 시로 표현하기	• 이 그림책을 읽고 난 후 든 생각이나 느낌은? • 흉내내는 말, 반복되는 말을 넣어서 시로 표현해 보세요.	- 동시 짓기 - 동시 발표하기
	3. 우리 반 한솥밥 먹기	• 모둠 친구들과 비빔밥을 해서 같이 나눠 먹어요. • 각자 가져올 것을 정해 가지고 오세요. • 아침으로 모둠 친구들과 비빔밥을 해서 먹은 소감은?	• 모둠 친구들과 비빔밥 같이 먹기

릴레이 질문하기

『왜냐면…』

왜냐면…표지
ⓒ 안녕달 글·그림, 책읽는곰 발행(2017.04)

생각의 시작은 질문이다. 전 세계의 부와 권력, 노벨상을 독점하고 있는 유대인들은 질문을 기반으로 하는 밥상머리 교육을 하고 있다. 이 밥상머리 교육은 하브루타라고 하는 질문식 대화법으로 끊임없이 질문하고 끊임없이 답을 찾는 방식이다.

유대인 부모들은 아이와 '왜?'를 지속적으로 탐구할 수 있는 질문게임을 자주 한다.

반면에 우리나라는 질문을 통해 대화하는 것에 익숙하지 않다. 더군다나 하나의 정답만을 요구하는 교육 방법으로 인해 틀리는 것에 대한 두려움으로 자신의 생각을 말하는데 주저한다.

그래서 [왜냐면…] 그림책을 통해 주저함 없이 '왜'라고 질문을 이어갈 수 있는 수업을 계획했다.

"오늘 읽어 줄 그림책은 [왜냐면…]입니다. 무슨 이야기 같나요?"

"아이가 엄마한테 '왜냐면'이라고 하면서 변명하는 이야기 같아요."

"아이가 말썽을 피웠을 것 같아요. 아닌가?"

"그럼, 이제 표지를 보여 줄게요. 표지 그림을 통해 알 수 있는 것이 무엇인가요?"

"물고기가 보이는 것 보니 엄마와 아이가 아쿠아리움에 간 것 같아요."

"엄마가 우산을 들고 있고, 아이가 비옷을 입고 있는 것을 보니 비가 내린 날이었나봐요."

"강아지도 함께 갔어요."

[왜냐면…] 그림책은 비가 내리는 날 엄마의 손을 잡고 하원하는 아이가 '엄마, 비는 왜 와요?'라는 질문을 하면서 이야기가 시작된다. 이 질문은 어린 아이들이라면 한 번쯤 해 보았을 질문이다.
이 질문에 엄마는 비가 오는 원리를 설명하는 것이 아니라 '하늘에서 새들이 울어서 그래'라고 대답을 한다. 아이는 또 '새는 왜 우는데요?'라고 질문을 하고 엄마는 또 '물고기가 새보고 더럽다고 놀려서야'라고 대답한다. 이런 식으로 이 그림책은 아이의 '왜'라는 질문과 엄마의 기발한 대답으로 되어 있다.

"엄마가 참 재미있게 대답을 해 주시는 것 같아요."

"비가 내리는 이유가 새가 울어서 그렇다고 이야기해 주면 안 되는 것 아닌가요?"

"야, 유치원생들의 동심을 지켜 주기 위해서는 그렇게 대답해도 되는거야."

시은이가 나 대신 재빨리 대답해 주었다.

"엄마가 손잡고 가면서 이런 이야기를 하면 참 재미있을 것 같아요."

독서 후 활동 - 릴레이 질문하기

"그럼, 우리도 지금 '왜냐면' 릴레이 질문을 해 볼까요?"

"좋아요."

"릴레이 질문은 한 명씩 돌아가면서 릴레이로 질문을 하는 것이에요. 질문을 하고 그에 대한 생각도 말해 주세요. 그런 후 그 다음 사람이 이어서 질문을 하면 돼요. 첫 질문은 세희가 해 주세요."

"은행나무 열매는 냄새가 왜 심할까? 냄새가 많이 나는 거름을 많이 먹어서…"

"왜 냄새가 많이 나는 거름을 먹지? 벌레들이 못 오게 하려고…"

"벌레는 왜 은행나무에게 가지? 은행잎이 꽃인줄 알고…"

"왜 벌레는 꽃을 좋아할까? 꽃이 벌레가 쉬기 좋은 침대 같아서…"

"벌레는 왜 쉬고 싶었을까? 인간을 피해 다니느라 힘들어서…"

"인간은 왜 벌레를 잡을까? 박물관에 전시하려고…"

"박물관에 왜 전시할까? 돈을 벌기 위해!"

"돈은 왜 벌까? 해외여행을 가기 위해!"

"해외여행은 왜 갈까? 신나게 놀기 위해"!

"왜 신나게 놀려고 할까? 인생은 즐기는 것이니까."

```
은행나무 냄새 왜 심할까?
냄새가 많이 나는 서를 먹어서
왜 냄새 심한 거를 먹지?
벌레들이 못 오고 갈려고
벌레는 왜 은행나무에게 가지?
은행 잎이 꽃인줄 알고
왜 벌레는 꽃을 좋아할까?
잎이 벌레가 쉬기 좋은 침대라서
왜 벌레는 쉬고 싶었을까?
인간을 피해 다니느라 힘들어서

인간은 왜 벌레 잡을까?
박물관에 전시할려고
왜 전시할까?
돈을 벌기 위해
돈은 어디서 쓸까?
해외여행을 가는데 쓴다
왜 해외여행 갈까?
쉬기위해
사람은 왜 쉬고 싶을까?
가끔 일상에서 벗어나고 싶어서
왜 같은 하루가 반복될까?
인간은 영원히 벗어날 수 없는 세계에 갇혀서
```

이런 식으로 릴레이 질문을 했다. [왜냐면…] 그림책에 나오는 질문과 대답이 과학적 원리나 상식과는 관계없는 것이라 아이들도 릴레이 질문할 때 부담감 없이 할 수 있었던 것 같다. 아이들의 질문과 대답을 듣는 것이 참 재미있었다.

어린 아이들은 질문이 참 많다. '왜'라고 꼬리에 꼬리를 무는 질문을 한다. 그런 질문을 할 때 정성스런 답변을 끝까지 해 주는 부모가 있는 반면에 몇 번 답해 주다가 쓸데없는 질문 그만하라고 핀잔을 주는 부모도 있다.

질문은 생각을 깨우고 자신을 돌아보게 한다. 스스로 질문을 잘 하는 아이들이 주도적으로 배움에 참여하고 깊이 이해하며 창의적으로 새롭게 생각할 수 있다.

  그림책을 통해 어릴 때부터 아이와 질문 대화를 꾸준히 하다보면, 아이는 스스로 질문할 수 있는 사람으로 자라 있을 것이다.

 '책을 읽으면서 공감되는 부분은 무엇이니?'
 '너가 만약 주인공 00이었다면 어떻게 했을 것 같아?'
 '이 책을 읽으면서 어떤 감정이 느껴졌니?'
 '작가는 왜 이런 책을 썼을까?'

독서 후 활동 - 책 표지 만드는 방법

책표지를 만들 때는 스스로 판단하고 결정해야하는 요소가 많아 이 과정을 통해 남의 생각대로 따라하는 수동적인 아이가 아니라 자기의 생각을 가진 능동적인 아이가 될 수 있다.
기본적인 이론 요소가 있는데 이를 기준으로 내용은 자유롭게 창작하도록 한다.

컨셉 잡기

- 내용 중에서 어떤 내용을 대표적으로 나타낼 것인가
예) 내 바지도 고추밭에서 자랐나 봐요 - 맵지 옷가게

- 기존 그림과 어떻게 다르게 그릴 것인가?
  그림책에 있는 그림을 그대로 그리면 창작이 아니라 복사다. 자기만의 해석으로 새롭게 그리도록 해야 좋다.
  이 과정을 통해 책을 일고 난 후 자기만의 생각을 새롭게 표현하여 주관적인 생각이 자라나고 창의적인 생각을 할 수 있다.

레이아웃

전체 구도를 어떻게 배치할 것인가. 여백과 그림 위치, 글자 크기 등이 다 고려되어야 한다.

- 시선의 흐름을 유도해야 한다

사람의 시선은 왼쪽 위에서 오른쪽 아래로 시선이 흐른다.

가장 시선을 많이 끄는 곳은 왼쪽 위이므로 직관적으로 전달하기를 원하는 글자는 여기에 쓰고 일러스트레이션은 왼쪽에, 생각하며 읽는 글은 오른쪽에 배치한다.

- 여백을 적절히 이용한다

너무 다 채우지 않고 여백을 적절히 활용하면 좋다. 동양화는 여백의 미를 활용하여 그린다. 빈 공간이 있어야 글씨가 더 잘 보인다. 그리고 비어 있으면 채워진 부분으로 시선이 간다.

- 색채 활용법

이론적으로는 따뜻함을 필요로 할 때는 주황이나 붉은 계통을 쓰고 이성적인 색은 파란 계통을 쓴다.

- 비례, 율동, 균형을 고려해야 한다

대칭이 좋을 때가 있고 너무 한쪽으로 치우치면 보기 안 좋을 때가 있다. 정적인 느낌은 없는지, 혼란스러워 어지럽지 않은지 살펴본다.

제목

제목은 크기를 어느 정도 할 것인가
글자에 디자인 요소를 넣을 것인가

[독서 지도안]

왜냐면… [독서지도안]				
단계	그림책 수업 주제		내용	활동
독서 전	책 제목과 앞 표지를 보고 내용 짐작하기		• 책 제목을 보니 어떤 내용일 것 같나요? • 앞 표지 그림이 의미하는 것은 무엇일까요? • 앞 표지 그림을 통해 알 수 있는 것은?	• 책 내용 짐작하기
독서 중	『왜냐면…』의 내용 파악하고 생각이나 느낌 나누기		• 아이가 엄마에게 한 질문은? 엄마는 뭐라고 대답했나요? • 우리 집에서 '왜?'라는 질문을 가장 많이 하는 사람은? • 나는 언제 '왜?'라는 질문을 하였나요?	• '왜?'라는 단어에서 떠오르는 것 정리하기
독서 후	1.	질문 만들기	• 나는 주로 어떤 질문을 하는 것 같나요? 책 내용과 관련된 질문을 만들어 보세요. • 질문을 통해 토론하기 위한 주제를 하나 정해 보세요.	• 회전목마 토론하기 - 주제에 맞는 주장과 근거 작성하기 - 회전목마처럼 돌아가며 상대를 바꾸어 토론하기
	2.	우리가 하는 '왜냐면?' 질문	• 한 명씩 돌아가며 '왜냐면' 질문하고, 거기에 대한 생각도 말해 주세요. • 다음 사람이 전 사람 생각에 이어지는 질문을 하고 생각을 말해 주세요.	• 왜냐면…' 릴레이 질문하기 - 왜냐면 질문하기 - 질문에 대한 생각 말하기
	3.	그림책 표지를 내가 만든다면?	• 그림책 표지를 새롭게 그려본다면? • 표지에 어떤 그림을 넣고 싶나요? • 나의 느낌이나 생각이 들어간 표지를 그려 보세요.	• 내가 만든 그림책 표지 - 새로운 그림책 표지 만들기

꽃과 나무와 대화하기

『알사탕』

알사탕 표지
ⓒ 백희나 글·그림, 책읽는곰 발행(2017.03)

학교 화단과 운동장에는 진달래, 개나리, 벚꽃도 있고, 목련나무, 산수유나무, 은행나무, 이름은 모르지만 갖가지 꽃과 나무들도 있다.

겨울동안 잠들어 있던 꽃과 나무들이 환하게 깨어나는 봄! 아이들이 생동하는 봄을 느껴보고 학교에 있는 꽃과 나무들에게도 관심을 가질 수 있는 시간을 주고 싶었다.

운동장으로 나가기 전에 읽어 줄 그림책은 [알사탕]이다.

"사탕 좋아하죠? 오늘은 백희나 작가님의 [알사탕]을 읽어줄게요. 표지에 보이는 아이의 표정이 어때요?"
"맛이 어떨까 하는 표정인 것 같아요."
"이게 무슨 사탕이지, 라고 생각하는 것 같아요."
"제목과 표지를 보니 어떤 내용일 것 같나요?"
"아이가 사탕을 먹는 내용일 것 같아요."
"갑자기 사탕을 선물 받는 내용일 것 같아요."
모두 들을 준비가 된 것 같아 그림책을 읽기 시작했다.
"나는 혼자 논다. 혼자 노는 것도 나쁘지 않다. 친구들은 구슬치기가 얼마나 재미있는지 모른다. 만날 자기들끼리만 논다. 그래서 그냥 혼자 놀기로 했다. 혼자 놀고 있는 아이를 보니까 어떤가요?"
"저는 혼자서도 잘 노는데요."
"혼자 노는 것도 나쁘지 않다고 하는데 왠지 외로워 보여요."
"그래도 강아지가 옆에 있어서 외롭지 않을 것 같아요."

==이 그림책은 제 마음을 표현하는 것도 다른 사람의 마음을 헤아리는 것도 서툰 아이 동동이가 마음의 소리를 들으면서 타인의 마음을 조금이나마 헤아리게 된다는 내용이다.==
==문방구에 구슬을 사러 갔다가 알사탕을 사게 된 동동이는 첫 알사탕을 먹고 소파의 말소리가 들리게 된다.==
==두 번째 알사탕은 강아지, 세 번째 알사탕은 아빠, 네 번째 알사탕은 하늘 나라에 계시는 할머니, 다섯 번째 알사탕은 낙엽의 말소리가 들리게 된다. 여섯 번째 투명 알사탕은 아무 소리도 들리지 않는다.==
==그래서 먼저 말해 버렸다.==

"선생님, 알사탕의 색깔이나 무늬에 따라 들리는 사물이 다른 것 같아요."
"맞아요. 강아지 무늬 알사탕을 먹고는 강아지와 대화를 했어요."
"어! 정말 그렇네. 소파 무늬 알사탕을 먹으니 소파의 말소리가 들렸어요."
"하루에 알사탕을 너무 많이 먹는 거 아닌가요?"
"알사탕 하나를 다 먹으면 들리던 소리가 안 들리게 되네요."
"동동이 아빠가 동동이에게 하는 잔소리가 우리 엄마가 저에게 하는 잔소리랑 비슷해요."
"저도 마음의 소리가 들리는 알사탕을 먹고 싶어요."
"마음의 소리가 들리는 알사탕을 먹고 무엇이랑 이야기를 나누고 싶나요?"
"저는 우리 집 강아지랑 이야기 나누고 싶어요. 왠지 더 많이 놀아달라고 할 것 같아요."
"전 동생의 마음의 소리를 듣고 싶어요. 도대체 왜 자꾸 까부는지 알고 싶어요."
"저는 아빠의 마음의 소리를 듣고 싶어요. 저희 아빠는 말이 별로 없으시거든요."

독서 후 활동- 사물과 대화하기

"마법의 알사탕은 아니지만, 마법의 알사탕이라고 생각하고 선생님이 주는 사탕을 먹어 보세요. 이 사탕은 운동장에 있는 꽃, 나무, 그네, 미끄럼틀 등과 대화 할 수 있는 사탕이에요. 사탕을 다 먹을 때까지 대

화를 나눠보기로 해요. 갔다 와서 무슨 대화를 나눴는지 말해주세요."

사탕을 한 개씩 입에 물고 다 같이 운동장으로 나갔다. 나가자마자 아이들은 꽃, 나무, 그네, 미끄럼틀 등이 있는 곳으로 흩어졌다.

상상력이 풍부한 아이들이 꽤 진지한 얼굴로 이야기를 나누고 있는 듯 했다. 물론, 몇 명은 같이 다니면서 장난만 치고 있기도 했다. 장난치는 아이들 옆에 가서

"너희들은 아직 대화할 상대를 못 정했니?"

"아! 네~"

"그럼, 선생님과 함께 다니면서 대화할 상대를 찾아볼까?"

"전 방금 정했어요."

윤서가 선생님과 같이 다니는 것이 부담스러웠는지 바로 은행나무 앞으로 뛰어갔다. 다른 아이들도 덩달아 진달래, 목련나무 등으로 뛰

어갔다.

"전 미끄럼틀과 대화했어요. 언제가 제일 좋으냐고 물어 보았더니, 아이들이 와서 미끄럼틀을 타며 즐거워 할 때가 가장 좋다고 대답했어요."

"전 개나리에게 꽃을 피우니까 기분이 어떠냐고 물어 보았어요. 개나리가 꽃을 활짝 피우니까 벌, 나비 같은 친구들이 놀러 와서 좋다고 대답했어요."

"앞으로도 가끔씩 꽃, 나무, 그네, 미끄럼틀 등과 대화 나눠 보세요."

현실에서 이루어질 수 없는 것도 그림책에서는 다 이루어진다. 답답한 현실 때문에 힘들어하는 아이들은 그런 그림책을 보면서 위로를 받게 된다. 또, 그림책은 아이들의 상상력을 자극한다.
주인공이 알사탕을 먹고 소파, 강아지, 돌아가신 할머니, 아빠, 낙엽 등의 마음의 소리를 듣게 된다는 [알사탕] 그림책이 그렇다.

[알사탕] 그림책을 읽으면서 아이들은 자기도 알사탕을 먹고 마음의 소리를 듣게 되는 상상을 하게 된다. 이 상상은 운동장에 있는 꽃, 나무, 그네, 미끄럼틀 등과 대화하는 것으로 이어졌다. 이렇게 그림책은 아이들을 위로하고 상상력을 자극한다.

[독서 지도안]

알사탕 [독서지도안]			
단계	그림책 수업 주제	내용	활동
독서 전	앞 표지 및 책 제목을 통해 내용 짐작하기	• 앞 표지 그림에서 아이 표정이 의미하는 것은? • 제목과 표지를 보니 어떤 내용일 것 같나요? • '알사탕' 하면 떠오르는 것은?	• 내용 짐작하기
독서 중	『알사탕』을 보고 인상적인 부분 정리하기	• 마음의 소리를 듣고 싶은 대상이 있나요? • 알사탕과 마음의 소리가 들렸던 대상과는 어떤 연관성이 있나요? • 책에 나온 알사탕 중에 어떤 알사탕을 먹어 보고 싶나요? 이유는?	• 상상 놀이하기 - 내가 이 책에 나온 알사탕을 먹는다면? - 어떤 마음의 소리가 들릴까?
독서 후	1. 내가 먹고 싶은 알사탕	• 마음의 소리가 들리는 알사탕을 먹고 무엇과 이야기 나누고 싶나요? • 그 알사탕의 무늬와 색깔은?	- 내가 먹고 싶은 알사탕 그리기
	2. 운동장에 나가 사물과 대화하기	• 선생님이 준 사탕을 다 먹을 때까지 운동장이나 교실에 있는 사물과 대화하기 • 들린 마음의 소리는? 무슨 대화를 했나? • 글쓰기 공책에 대화 내용 정리하기	• 사물과 대화하기 - 어떤 대화를 했나? - 글쓰기 공책에 정리하기
	3. OO이의 마음이 궁금해	• 친구의 마음을 몰라 답답했던 경험은? • 그 친구에게 전하고 싶은 말은?	• 톡 문자 정리하기 - 예상되는 대화 내용 정리하기 - 그 친구에게 실제로 톡 문자 보내기

나만의 비법소개

『축구 선수 윌리』

축구 선수 윌리 표지
앤서니 브라운 글·그림, 허은미 옮김, 웅진주니어 발행(2003.09)

"오이반 여러분, 이번 달은 선생님이 그림책을 읽어 주는 것이 아니라 여러분이 한 명씩 돌아가며 친구들에게 그림책을 읽어 주도록 할게요. 자신이 좋아하거나 관심 있어 하는 분야의 그림책을 가지고 와서 읽어주고, 친구들과 나누고 싶은 이야기 주제를 정해 오세요."

어제 알림장을 쓴 후 하늘이를 불러 그림책 읽어줄 차례가 되었음을 상기시켜 주었다.

"선생님, 오늘 이 책 읽어줄 거예요. 어제 집에 가기 전에 학교도서관 들렸는데, 이 책이 딱 있는 거예요. 이 책을 발견해서 기분이 너무 좋았어요."

어떤 책을 준비해 왔을지 궁금했었는데 하늘이가 등교하자마자 가방에서 그림책을 꺼내들고 말했다.

"오~ 하늘이가 잊지 않고 잘 가지고 왔네. 그림책 내용이 궁금해지네."

하늘이가 가지고 온 그림책은 [축구 선수 윌리]였다. 축구를 좋아하는 하늘이에게 잘 어울리는 책이다.

"이제부터 하늘이가 진행해 주세요."

"여러분 제가 좋아하는 운동이 뭐죠?"

"축구요."

친구들 앞이라고 해도 여러 명 앞에서 발표할 때는 존댓말을 써야 한다고 미리 얘기를 해 두었다. 아이들도 어느 정도 익숙해져서 자연스럽게 존댓말로 대화한다.

"그렇죠. 그래서 오늘 제가 읽어 드릴 그림책은 [축구 선수 윌리]입니다. 어떤 내용일 것 같나요?"

3월부터 그림책을 많이 읽어줘서 그런지 선생님이 하는 것처럼 잘 진행했다.

"윌리가 축구 선수인데 축구를 좀 못 할 것 같아요."

"원숭이가 사람처럼 축구를 하나 봐요."

"그런가요. 그럼 제가 책을 읽어 드리도록 하겠습니다."

여러 사람들 앞에서 말하는 것을 좋아하는 하늘이가 큰 소리로 책

을 읽어 주었다.

[축구 선수 윌리] 책은 책 제목에서 알 수 있듯이 축구를 좋아하는 윌리가 주인공이다.

윌리는 축구를 좋아하지만 축구화 살 돈이 없어서 축구화가 없었다. 매주 열심히 축구 연습을 하러 갔지만, 한 번도 시합에 나가지 못했다. 그러던 어느 날 낯선 인물로부터 낡은 축구화를 받게 되고, 그 축구화를 신고 축구 연습을 할 때부터는 축구를 정말 잘 하게 되었다.

축구 시합에까지 나가게 되었는데, 시합 날 깜빡 잊고 축구화를 집에 두고 경기장에 갔다.

누군가 다른 축구화를 주어 그걸 신고 축구를 했는데도 모두가 놀랄 만큼 축구를 잘 하여 골을 2개나 넣었다.

"잘 들으셨나요? 생각이나 느낌을 자유롭게 말해 주세요."

하늘이가 계속 진행을 잘 하고 있다.

"돈이 없어서 축구화를 못 사서 많이 속상했을 것 같아요."

"다른 사람들은 덩치가 큰데 윌리만 작아요. 아마 가난해서 잘 못 먹었나 봐요."

"마지막에 골을 2개나 넣어서 좋았어요."

"윌리는 축구 연습을 정말 많이 했나 봐요. 요리조리 잘 빠져나가잖아요."

독서 후 활동 - 나만의 비법 소개하기

"여러분도 잘 알고 있듯이 제가 축구를 좋아하잖아요. 윌리처럼 축구를 잘 하려면 정말 열심히 노력해야 되고 재능도 있어야 된다고 감독님이 그러시더라구요. 그래서 제가 지금 하고자 하는 것은 '나만의 비법 소개하기'입니다."

 이어서 하늘이는 축구공을 잘 다루는 방법, 상대편을 잘 따돌리는 방법을 친구들에게 소개 했다.

 다른 친구들은 안마를 잘 하는 방법, 빨래를 예쁘게 개는 방법, 종이접기를 잘 접는 방법 등을 소개했다.

 "오늘 하늘이가 그림책을 잘 읽어 주었고, '나만의 비법 소개하기'도 잘 해 주었죠? 열심히 준비해 온 하늘이에게 모두 칭찬의 박수를~"

 책을 읽어 줄 때 친구들이 잘 들어주고 질문에 대한 답도 잘 해 주어서 자신감이 상승한 하늘이가 박수까지 받자 무척 행복해 했다.

 자신이 좋아하거나 관심 있어 하는 그림책을 친구들에게 읽어주기 위해 책을 고르고 어떻게 읽어줄지 생각하면서 책을 더 꼼꼼하게 읽게 된다. 거기다가 그림책을 읽고 친구들과 어떤 활동을 할 지 궁리하고 결정하면서 사고력 및 문제해결력도 생기게 된다.

 또한, 많은 친구들 앞에서 그림책을 읽어 주면서 자신이 마치 선생님이 된 것 같고, 친구들이 모두 집중하여 들어 주어서 자존감도 상승하게 된다. 친구들 앞에서 말하기를 어려워 하는 아이는 마이크를 이용하도록 해 주면 좋다. 선생님이 아닌 친구들이 읽어 주는 그림책은 또 다른 재미가 있다.

[독서 지도안]

	축구 선수 윌리 [독서지도안]		
단계	그림책 수업 주제	내용	활동
독서 전	책 제목과 앞 표지는 보고 드는 생각이나 궁금한 점	• 무얼 하는 것을 좋아하나요? 좋아하는 것을 할 때는 어떤가요? • '축구 선수' 하면 떠오르는 생각은?	• 좋아하는 것 말하기
독서 중	『축구 선수 윌리』를 보고 인상적인 부분 정리하기	• 가난해서 축구화를 살 수 없다면 어떨 것 같나요? • 낡은 축구화를 준 낯선 사람처럼 나한테 꼭 필요한 도움을 줬던 친구는? • 윌리에게 해 주고 싶은 말은?	• 핫시팅하기 - 윌리에게 하고 싶은 질문은? - 윌리라면 어떻게 답했을까?
독서 후	1. 윌리에게 선물해 주고 싶은 축구화는?	• 윌리에게 축구화를 선물한다면 어떤 축구화를 선물하고 싶은가요?	• 축구화 디자인하기 - 축구화의 모양과 색깔은?
	2. 나만의 비법 소개하기	• 축구 관련(축구공을 잘 다루는 법, 상대편을 따돌리는 법 등) 비법 소개하기 • 다른 비법(안마 잘 하는 법, 라면 맛있게 끓이는 법등) 소개하기	• 선생님 되어 보기 - 친구들에게 나만의 비법 가르쳐 주기
	3. 나에게 도움을 준 친구에게 마음 전하기	• 나에게 도움을 줬던 친구 떠올리기 • 어떤 도움을 받았나요?	• 도움을 준 친구에게 엽서 쓰기 - 고마운 마음 전하기

칭찬릴레이

『에드와르도 세상에서 가장 못된 아이』

에드와르도 세상에서 가장 못된 아이 표지
존 버닝햄 지음, 조세현 옮김, 비룡소 발행(2006.02)

찬우는 자신이 알고 있는 것을 다른 사람들에게 알려주는 것을 좋아한다. 문제는 친구들이 원하지 않을 때도 나서서 알려주려고 한다는 것이다.

"선생님, 찬우가 자기 마음대로만 하려고 해요."
"선생님, 찬우가 방해해요."

오늘따라 아이들에게서 찬우의 이름이 자주 들린다. 그것도 안 좋은 쪽으로. 찬우는 심성이 나쁜 아이는 아닌데 표현이 거칠어서 친구들이 싫어할 때가 있다. 이런 날에는 찬우도 심통이 나는지 더 엇나가는 것 같다.

"모든 사람들은 장점과 단점을 가지고 있어요. 완벽한 사람은 없어요. 여러분이 어떤 쪽으로 보느냐에 따라 좋은 사람이 될 수도 있고, 싫은 사람이 될 수도 있어요. 장점을 보려고 하면 장점이 더 크게 보이고 단점은 작게 보이게 되요. 여러분도 모두 많은 장점을 가지고 있어요. 그 장점을 주변 사람들이 알아봐 준다면 어떨까요?"

"기분이 좋아져서 더 잘 하려고 할 것 같아요."

"오늘 읽어 줄 그림책 [에드와르도 세상에서 가장 못된 아이]에 나오는 에드와르도도 그럴거에요. 표지에서 보이는 것들을 말해 주세요."

"후라이팬이랑 숟가락을 들고 시끄럽게 떠들고 있는 것 같아요."

"에드와르도 얼굴에 나는 개구쟁이라고 써져 있는 것 같아요."

"하하, 그런가요? 이제 책을 읽어 줄테니 잘 들어보세요. 중간에 궁금한 것이 생기면 바로 질문해 주세요."

[에드와르도 세상에서 가장 못된 아이]에 나오는 주인공 에드와르도는 흔히 볼 수 있는 보통의 꼬마이다.

어른들이 에드와르도를 보고 '버릇없다, 시끄럽다, 심술궂다, 사납다, 지저분하다, 더럽다'라고 말했을 때는 점점 더 못된 아이가 되었다. 반면에 어른들이 '식물 기르는 솜씨가 좋다, 애완동물을 잘 돌봐준다, 청소를 잘 한다, 깨끗하다, 동생들을 잘 돌본다'라고 말했을 때는 점점 더 예쁜 아이가 되었다.

때때로 못된 아이가 되기도 하지만 에드와르도는 세상에서 가장 사랑스러운 아이다.

에드와르도가 못된 말썽쟁이가 되는 것은 모두가 그렇게 말하기 때문에 점점 못돼지는 것 뿐이다.

독서 후 활동 - 칭찬 릴레이

"여러분도 에드와르도와 같은 경험을 한 적이 있나요?"

"축구교실에서 감독님이 저보고 축구에 재능 있다고 하셨어요. 그 말을 듣고 나서 축구를 더 열심히 하는 것 같아요. 재능있다는 말을 또 듣고 싶거든요."

"엄마가 저보고 정리정돈이 잘 안 된다고 꾸중을 하세요. 그러니까 더 정리하기 싫을 때가 있어요."

"맞아요. 칭찬을 들으면 기분이 좋아져서 더 잘하게 되죠. 그래서 지금 칭찬릴레이를 해 보도록 할게요. 칭찬 릴레이는 하루에 한 친구를 칭찬 주인공으로 정해 그 친구를 다른 친구들이 모두 칭찬해 주는 거에요. 오늘의 주인공은 박찬우입니다. 한 명씩 돌아가면서 찬우를 칭찬해 주세요. 찬우가 친구들의 칭찬을 다 듣고 나면 내일의 칭찬 주인공을 지목해 주세요."

"찬우는 발표를 잘 해요."

"찬우는 그림을 아주 잘 그려요."

"찬우는 유머감각이 뛰어나요."

아이들이 칭찬을 의무처럼 해야 하기에 조금 어색해도 이 활동이 도움이 되는 이유는 칭찬거리를 찾는동안 그 아이에 대해 긍정적으로 생각해 본다는 것이다.

같은 것을 보아도 보는 시선에 따라 다르게 보인다. 말이 없는 아이를 소극적인 아이로 볼 수도 있지만 반대로 신중한 아이로 볼 수도 있다. 끝까지 자기 의견을 굽히지 않는 아이를 고집 센 아이로 볼 수도 있지만 반대로 자기 주관이 뚜렷한 아이로 볼 수도 있다.

부모나 선생님이 보는 그 시선대로 아이에게 그대로 전달된다.

칭찬 하는 법 TIP

- **구체적으로 하라** – 대단해, 이런 추상적인 칭찬보다 무엇이 어떻게 대단한지 구체적으로 말하라
- **자연스럽게 칭찬하라** – 일부러 칭찬을 하려는 의도가 보이지 않도록 아주 자연스럽게 칭찬하는 것이 좋다
- **공개적으로 하라** – 비난은 혼자 있을 때 하고 칭찬은 주로 공개적으로 하는 것이 좋다.
- **칭찬과 함께 의견도 말하라** – "너는 목소리가 좋아", 이렇게 하지 말고 "너는 목소리가 좋아서 성우하면 잘 할 것 같아" 이렇게 의견도 말하면 좋다

[독서 지도안]

단계	그림책 수업 주제	내용	활동
	에드와르도 세상에서 가장 못된 아이 [독서지도안]		
독서 전	책 제목을 보고 드는 생각이나 궁금한 점은?	• 왜 세상에서 가장 못된 아이일까? 어떤 아이가 못된 아이일까? • 책 제목을 보니 드는 생각은?	• 책 제목을 보고 생각 나누기
독서 중	『에드와르도 세상에서 가장 못된 아이』를 보고 주인공의 마음 읽기	• 에드와르도는 어른들께 어떤 말을 들었을 때 점점 못된 아이가 되었나요? • 그 말을 들었을 때 주인공의 기분은 어땠을까? • 어떤 말을 들었을 때 예쁜 아이가 되었나요? 그 말을 들었을 때 주인공의 기분은 어땠을까?	• 토론하기 – 어른들의 잔소리에 대한 생각나누기 • 상황극하기
독서 후	1. 내가 듣기 좋은 말과 듣기 싫은 말	• 내가 듣기 좋은 말은 무엇인가요? • 내가 듣기 싫어하는 말은 무엇인가요?	– 듣기 좋은 말과 듣기 싫은 말 표로 정리하기 – 친구들에게 발표하기
	2. 칭찬 주인공 되기	• 우리 반 오늘의 칭찬 주인공은? • 칭찬 주인공에게 칭찬의 말 한 마디씩 해 주기 • 내일의 칭찬 주인공 지목하기	• 칭찬 릴레이하기 – 하루에 한 명씩 칭찬 주인공 되기 – 칭찬 주인공에게 칭찬의 말 하기 – 칭찬 받은 소감 말하기
	3. 장점 찾기	• 우리 반 친구들의 장점을 떠올리기 • 각 친구의 롤링페이퍼에 장점(칭찬) 써 주기	• 칭찬(장점) 롤링페이퍼 쓰기

2. 재미있는 책 놀이

책을 맛 봐요(책놀이)

『딱지 딱지 내 딱지』

딱지 딱지 내 딱지 표지
허은순 글, 김이조 그림, 현암사 발행(2011.10)

"5교시가 창체시간이죠? 선생님이 가족 관련 그림책을 준비 해 놓았는데, 여러분들이 놀이시간을 원하니까 책놀이 활동을 할게요."

"책놀이가 뭐에요?"

"책놀이는 말 그대로 책을 읽고 노는 거예요. 놀이와 관련된 그림책을 선생님이 읽어준 다음에 놀이를 하는 거예요. 짧은 그림책이라 금방 읽어 줄 수 있을 것 같아요."

"선생님이 오늘 읽어줄 그림책은 [딱지 딱지 내 딱지]에요. 딱지치기 해 보셨나요?"

"선생님, 대호가 딱기치기 왕이었어요."

4학년 때도 대호와 같은 반이었던 준서가 큰 소리로 이야기한다.

"와~ 대호가 딱지치기를 잘 하나 보네요. 대호는 잘 하는 게 참 많네요. 축구도 잘 한다고 들었는데…"

인정받는 것을 좋아하는 대호가 우쭐한 표정으로 나를 쳐다본다.

"그럼 읽기 시작할게요. 면지를 보니 딱지의 종류가 많이 나오네요. 우유딱지, 그냥 딱지, 헐랭이딱지, 물딱지, 골판지딱지, 엄지딱지, 기름딱지, 철판딱지, 합친 딱지, 동그란 딱지, 껌딱지, 딱지 꽃, 코딱지!"

마지막에 코딱지라고 말하니 모두 크게 웃는다.

"여러분들은 어떤 딱지를 접어 보았나요?

"우유딱지요."

"그냥 딱지요."

"저는 상자 딱지요."

"저는 합친 딱지요."

[딱지 딱지 내 딱지]는 동만이와 웅철이가 딱지치기를 하는 이야기이다. 내 딱지가 넘어갈까봐 조마조마 지켜보는 장면, 딱지를 치기 전 딱지가 잘 넘어가라고 주문을 외우는 장면 등 딱지치기 할 때 있을 수 있는 긴장감이 느껴지는 그림책이다.

이 그림책은 동만이의 딱지를 다 딴 웅철이가 울고 있는 동만이에게 딴 딱지를 돌려주는 장면으로 끝난다. 놀이에서 경쟁보다는 친구와의 우정과 즐거움이 먼저라는 메시지를 준다.

책 뒤에는 딱지 접는 법이 나와있다.

독서 후 활동 - 딱지 놀이

"이제 딱지를 접어 볼까요? 한 장으로 접는 방법, 두 장으로 접는 방법이 있는데, 오늘은 두 장으로 접는 방법을 알려 줄게요."

"선생님, 저는 한 장으로 접는 방법도 알고 있어요. 저는 한 장으로 접어도 되나요?"

4학년 때 딱지치기 왕이였다던 대호가 자신 있게 물어본다.

"그럼요. 딱지 접는 방법을 알고 있는 친구는 자기가 알고 있는 대로 접으면 되요. 딱지 접는 방법을 모르는 친구들만 가르쳐 줄게요. 딱지 접는 법을 모르는 친구들은 이쪽으로 오세요."

대호를 비롯해서 학급의 반 이상의 친구들이 딱지 접는 법을 알고 있었다. 딱지 접는 법을 모르는 8명에게만 딱지 접는 법을 알려 주었다.

"딱지를 다 접었죠? 그럼 짝끼리 딱지치기를 해 보세요. 딱지를 한 개만 접었으니까 딱지를 따 갈수는 없고, 누가 많이 넘겼냐로 승패를 가릴게요."

내 말이 끝나기가 무섭게 교실은 '딱딱' 소리로 소란스러워졌다. 아이들이 신나게 노는 모습이 참 좋았다.

대호는 자신이 잘 하는 분야라 땀까지 흘리면서 열심히 딱지치기를 하고 있었다.

"선생님, 다른 친구들하고도 쳐 보면 안 될까요?"

짝과 한참 딱지치기를 하더니 다른 친구들하고도 해 보고 싶어진 모양이다.

"좋아요. 다른 친구들하고도 해 보세요."

 대호는 얼마나 열심히 딱지치기를 했는지 집에 갈 때는 미소 띤 얼굴로 팔이 아프다고 하면서 갔다.

 책놀이는 책을 읽는 시간은 짧고 놀이하는 시간은 길어서 책을 맛만 본 것 같다. 하지만 일단 맛을 보지 않으면 음식의 맛을 전혀 알 수 없듯이 책을 맛보지 않고는 책의 재미를 알 수 없는 것이다.
 이런 책놀이를 통해 다양한 책의 맛을 느끼고 즐기면서 책과 더 친해질 수 있을 것이다.

[독서 지도안]

딱지 딱지 내 딱지 [독서지도안]

단계	그림책 수업 주제	내용	활동
독서 전	책 제목과 앞 표지를 보고 생각이나 경험 나누기	• 딱지치기 해 보았나요? • 앞 표지를 보고 드는 생각은?	• 딱지치기 한 경험 나누기
독서 중	『딱지 딱지 내 딱지』의 내용 파악하고 인상적인 부분 정리하기	• 알고 있는 딱지의 종류는? • 내가 접어 본 딱지는? • 딱지가 잘 넘어가라고 어떤 주문을 외웠나요? • 어떤 동물들이 등장하나요? 동물들의 역할은?	• 상황극 하기 - 내가 동만이라면 - 내가 웅철이라면
독서 후	1. 딱지 접기	• 우유곽으로 딱지 접기 • 내가 접고 싶은 것으로 딱지 접기 • 내 딱지 꾸미기	• 딱지 접기 - 딱지 꾸미기 - 내 딱지 이름 짓기
	2. 친구들과 딱지 치기 놀이 하기	• 내가 접은 딱지로 친구들과 딱지 치기 놀이를 해 봅시다. • 내 딱지가 넘어갈 때의 기분은?	- 딱지 치기 놀이하기
	3. 딱지 치기 한 경험을 시로 표현하기	• 백창우 노래 〈딱지 따먹기〉 듣기 • 친구들과 딱지 치기 해 본 경험을 시로 표현 해 봅시다. • 시를 노래로 바꾸어 봅시다.	• 동시 쓰기 - 딱지 치기 할 때의 느낌이나 생각은? - 시를 노래로 바꾸어 보기

책의 달콤함

『떡보먹보 호랑이』

떡보먹보 호랑이 표지
이진숙 글, 이작은 그림, 한솔수북 발행(2007.06)

[떡보먹보 호랑이] 책은 우리 옛이야기 그림책으로 5학년 아이들도 재미있어할 만한 책이다. 추석 관련 활동과도 연결시키면 좋을 것 같았다.

"[떡보먹보 호랑이] 책은 우리 옛이야기 그림책이에요. 옛이야기 듣듯이 들어주시면 됩니다. 이 책의 제목을 보니 어떤 내용일 것 같나요?"

"떡을 좋아하는 호랑이 이야기일 것 같아요."

"왠지 호랑이가 떡 때문에 골탕 먹는 이야기일 것 같아요."

"네, 각자 책제목을 보고 짐작되는 내용들이 있을거에요. 자기가 짐작했던 대로 이야기가 전개되는지 생각하면서 읽으면 더 재미있을거에요. 그림을 자세히 보면서 들어보세요. 글은 선생님이 읽어주니까 글은 보지 말고 그림만 보면서 들으면 더 좋아요."

"네~"

"쿵더쿵쿵더쿵! 떡메는 여우가 치고, 솔솔 팍팍! 팥고물은 두꺼비가 뿌리고, 후아 푸아! 아궁이 불은 호랑이가 붙였지. 침 넘어가는 소리 따라 커다란 시루에 김이 모락모락, 팥고물 찰떡도 맛있게 익어 갔어."

"아~선생님, 군침 돌아요. 침이 흘러내릴 것 같아요."

떠오르는 생각을 그때그때 잘 표현하는 대호의 반응이다. 다른 아이들도 '저도요'라는 반응을 보였다.

"사실 선생님도 그래요."

나와 아이들은 다 같이 웃었다. 같은 책을 읽으며 같은 부분에서 같은 반응을 보이는 이런 분위기가 참 좋다.

[떡보먹보 호랑이]는 몸집이 크고 힘이 세지만 욕심이 많고 머리는 나쁜 호랑이 이야기이다. 호랑이, 여우, 두꺼비가 술래잡기를 하다가 배가 고파 팥고물 찰떡을 만들어 먹기로 했다. 떡메는 여우가 치고, 팥고물은 두꺼비가 뿌리고, 아궁이 불은 호랑이가 붙여 팥고물 찰떡이 맛있게 익었다. 혼자 다 먹고 싶었던 호랑이는 내기를 해서 이긴 사람이 다 먹자고 제안했다. 가장 나이 많은 사람이 다 먹기로 내기를 했는데 두꺼비가 이겼다. 그러자 달리기에 자신 있었던 호랑이가 달리기 내기를 또 하자고 했다. 달리기에서도 두꺼비가 이겼다. 마지막으로

내기를 한 번만 더 하자고 살살 달래서 떡을 굴려 가장 먼저 차지하는 놈이 먹기로 했는데, 결국 두꺼비가 다 먹게 되었다. 호랑이가 꾀를 부리다가 오히려 하나도 못 먹게 된 것이다.

"두꺼비, 여우와 함께 사이좋게 나눠 먹었으면 좋았을텐데…"
"옛날이야기에 나오는 호랑이는 보통 떡을 좋아하는 것 같아요. 떡 하나 주면 안 잡아 먹지~라고 말하는 옛날이야기도 있잖아요."

하부루타 토론

유대인들의 전통적인 교육 방식인 하부루타 토론을 하기로 했다.
둘이 짝을 이루어 질문을 내고 상대의 의견을 듣고 이야기하면서 배우는 방법이다. 질문을 하기위해서는 내용을 알아야 하기에 목적을 가지고 더 자세히 책을 읽을 수 있다.
질문에 답을 하고 다시 의견을 내면서 스스로 생각하는 힘을 키우게 된다.

둘만의 토론이 끝나면 모둠을 만들어 토론을 할 수 있다. 모둠토론의 장점은 둘이 할 때보다 더 다양한 의견과 활발한 토론이 가능하다. 모둠토론이 끝나면 종합토론을 쉬우르라고 하는데 모둠토론에서 가장 좋은 질문 하나를 선정하여 아이들에게 질문하면 아이들이 스스로 답을 하도록 유도한다.

독서 후 활동 - 떡 만들기

"선생님, 이 책에 나오는 떡이 팥고물 묻힌 찰떡인거죠? 저는 팥 들어간 떡은 다 좋아해요."
"떡 이야기가 나올 것 같았어요. 추석도 얼마 안 남아서 선생님이 떡 만들 재료들을 준비했어요."
"와~ 선생님 최고!"
"이 반죽은 다시 안 쪄도 바로 먹을 수 있는 반죽이에요. 반죽은 어제 배달 주문을 해서 좀 전에 도착했어요. 아직도 따끈따끈하네요. 선생님이 소로는 밤, 깨, 팥, 초콜릿을 준비했어요. 각자 자기가 만들고 싶은 모양대로 떡을 만들고, 넣고 싶은 소를 넣어서 완성하면 되요. 그리고 마지막엔 내가 만든 떡의 이름을 말해 주세요."
손에 비닐장갑을 끼고, 마스크도 쓰게 했다.
"떡에 초콜릿을 처음 넣어 봐요. 어떤 맛일까 궁금해요."
"이제 맛을 볼까요? 떡을 먹으면서 한 명씩 자기가 만든 떡의 이름을 말해 주세요."
"선생님, 초콜릿이 들어간 떡이 의외로 맛있어요. 근데, 달아서 많이는 못 먹을 것 같아요."

세희가 웃으면서 말했다.

아이들은 친구들과 함께 재미있는 책도 읽고 달콤한 떡도 만들어 먹으면서 책의 달콤함도 느꼈을 것이다.

[독서 지도안]

	떡보먹보 호랑이 [독서지도안]		
단계	그림책 수업 주제	내용	활동
독서 전	책 제목과 표지 보고 내용 짐작하기	• 책 제목과 표지를 보니 어떤 호랑이가 등장할 것 같나요? • 내가 알고 있는 호랑이가 등장하는 옛이야기는?	• 옛이야기에 나오는 호랑이는 어떤 모습이었나? • 내용 짐작하기
독서 중	『떡보먹보 호랑이』 내용 파악하고 생각이나 느낌 정리하기	• 이 책에 등장하는 호랑이는 어떤 호랑이인가요? • 여우와 두꺼비는 어떤 동물로 등장하나요? • 옛이야기에서 욕심이 많은 주인공은 결국 어떻게 되나요?	• 하브루타 독서토론 하기 - 재미있었던 점, 궁금한 점 - 어떤 생각이 들었나요? - 작가는 어떤 말을 하고 싶었을까?
독서 후	1. 내가 먹고 싶은 떡은?	• 어떤 떡을 좋아하나요? • 내가 먹고 싶은 떡을 그림으로 표현 해 보고, 설명도 써 봅시다.	- 내가 먹고 싶은 떡 표현하기(그림, 글)
	2. 내가 먹고 싶은 떡 내가 만들기	• 내가 만들고 싶은 떡의 모양은? • 떡에 넣고 싶은 것은?	• 떡 만들기 - 내가 만들고 싶은 모양은? - 다양한 재료 활용하기 - (초콜릿, 밤, 깨, 콩 등)
	3. 호랑이가 등장하는 이야기 짓기	• 내가 짓는 이야기에 등장하는 호랑이는 어떤 호랑이인가요? • 어떤 사건이 생기나요? • 시간적, 공간적 배경은?	• 나도 그림책 작가 - 호랑이가 등장하는 그림책 만들기

실팽이 돌리기

『윙윙 실팽이가 돌아가면』

윙윙 실팽이가 돌아가면 표지
미야가와 히로 글, 하야시 아키코 그림, 이영준 옮김, 한솔출판사 발행(2002. 05)

요즘 오이반 남자아이들은 팽이 놀이에 빠져있다. 쉬는 시간이 되자마자 뒤에 모여 팽이 대결을 한다. 장난감 가게에서 산 팽이를 가지고 와서 놀고 있는 것이다. 원래 장난감은 학교에 가지고 오지 못하게 하는데, 요즘 미세먼지로 인해 밖을 나가지 못하니 그거라도 가지고 놀라고 허용을 해 주었다.

팽이 놀이하는 아이들의 모습을 보니 플라스틱 장난감 팽이 말고 다른 팽이도 소개 시켜 주고 싶어졌다.

나무로 만든 팽이는 당장 준비가 되어 있지 않아서 종이와 실만 있으면 되는 실팽이를 소개시켜 줄 예정이다.

"요즘 팽이 놀이 많이 하죠? 플라스틱 팽이 말고 또 어떤 팽이가 있을까요?"

"아빠가 그러는데 아빠가 어렸을 때는 나무 팽이를 만들어 놀았데요."

"선생님도 어렸을 때 나무팽이 가지고 놀았어요. 여러분들이 쉬는 시간에 가지고 놀던 팽이는 선생님이 어렸을 때는 없던 것이에요. 플라스틱 장난감 팽이도 우리나라 산업이 발달하면서 공장에서 대량으로 만들게 된 것이에요. 혹시 실팽이는 들어 봤나요?"

"실이 어떻게 팽이가 되요?"

"아는 사람이 없는 것 같네요. [윙윙 실팽이가 돌아가면] 그림책을 읽어 주고, 실팽이도 한 번 만들어 봐요."

"실팽이로도 대결할 수 있어요?"

승부욕이 강한 준서가 물어 보았다.

"대결도 할 수 있죠."

"[윙윙 실팽이가 돌아가면]은 일본 작가가 쓴 그림책이에요. 일본에서도 실팽이 놀이를 하나 봐요. 표지에 보이는 이 아저씨는 누구일 것 같아요?"

"선생님이신가?"

"아빠이신가?"

"누구일지 궁금증을 안고 그림책으로 들어가 볼게요. 와~ 이 그림 좀 보세요. 학교 운동장인 것 같은데, 운동장 옆에 숲이 보이네요. 숲에서 아이들이 뭘 하고 있나요?"

"나무 그네도 타고, 나무에도 올라가고, 숨바꼭질도 하는 것 같아요."

"이 학교 애들은 참 좋겠다."

"단풍나무 초등학교에는 운동장과 이어진 곳에 놀이터가 있습니다. 모두 이 놀이터를 참 좋아합니다."

"창호는 미끄러져 떨어지는 바람에 뼈가 부러져서 병원에서 수술을 받았습니다. 그때부터 놀이터에는 커다란 자물쇠가 채워져 들어갈 수 없게 되었습니다."

커다란 자물쇠를 열어 달라고 교장선생님께 부탁을 하지만 교장선생님께서 부탁을 들어 주시지 않으신다.

"책상 서랍에서 이상한 것을 꺼내어 돌리기 시작했습니다. 그것은 실팽이였습니다. 윙윙 소리를 내면서 돌았습니다."

대신 교장선생님은 아이들에게 실팽이를 한 개씩 나눠 주시면서 '돌아가게 되면 너희들의 부탁을 들어주겠다.'라고 말씀하셨다.

그날부터 아이들은 열심히 실팽이를 돌렸다. 하나를 돌리게 되자 교장선생님께서는 2개, 3개, 4개까지 돌리게 하셨다. 아이들이 열심히 애쓰는 모습을 보신 교장선생님께서는 자물쇠를 열어 주셨고, 아이들은 다시 놀이터에서 놀 수 있게 되었다.

이런 과정에서 아이들과 교장선생님은 친해지게 된다. 마지막 부분에서는 교장선생님과 친해진 아이들이 역으로 교장선생님께 완두콩 꼬투리 피리 부는 숙제를 내준다.

"표지에 계셨던 분이 교장선생님이셨군요."
"교장선생님도 못 하시는 것이 있으시네요."

"교장선생님이 장난꾸러기 같아요."

"우리도 교장선생님하고 저렇게 놀았으면 좋겠어요."

생각을 물어보지 않았는데도 몇 몇 아이들이 자기 생각을 말했다.

독서 후 활동 - 실팽이 만들기

"이제 우리도 실팽이를 만들어 돌려 볼까요?"

실팽이는 두꺼운 종이와 실로 만든다. 아이들에게 두꺼운 종이를 주고 동그란 모양, 네모난 모양, 다이아몬드 모양 등 자신이 원하는 모양으로 자르라고 했다.

종이가 두꺼워 자르는 것을 어려워하는 아이들은 자르는 것을 도와주었다. 각자 두꺼운 종이를 꾸미고, 다 꾸민 아이들부터 실 끼우는 방법을 알려 주었다.

"먼저 다 만든 친구들은 실팽이 돌리는 연습을 하고 있으세요."

축구공 모양으로 후다닥 꾸민 하늘이는 벌써 실팽이 돌리는 연습을 하고 있다.

"이제 마지막 친구까지 다 만들었으니 일단 각자 돌리는 연습을 해 봅시다."

나도 내 실팽이를 만들어 아이들과 함께 돌리는 연습을 했다.

책 내용에서처럼 1개를 돌리는 것은 어렵지 않았다. 아이들도 금방 실팽이를 돌릴 수 있게 되었다.

"이제 2개로 돌리는 것에 도전해 볼까요?"

또 각자 열심히 돌리기 연습을 했다. 2개를 돌리는 것은 정말 힘들었다. 오늘 안에 끝나지 않을 것 같았다.

"2개를 돌리는 것은 선생님도 너무 어렵네요. 2개 돌리기는 각자 연습하고 이틀 후에 다 같이 돌려보아요. 모두 1개는 자신 있게 돌릴 수 있으니 짝하고 누가 실팽이를 더 오래 돌릴 수 있는지 해 보세요."

이 수업이 끝난 후부터는 한동안 쉬는 시간의 풍경이 달라졌다. 쉬는 시간마다 2개 실팽이 돌리는 연습을 하는 친구도 있고, 더 오래 돌리는 대결을 하는 친구도 있다.

[윙윙 실팽이가 돌아가면] 그림책을 통해 몇 십년 전 사람들이 즐겁게 놀았던 놀이가 지금 아이들에게도 즐거움을 안겨 줄 수 있다는 것을 알았다.

[독서 지도안]

윙윙 실팽이가 돌아가면 [독서지도안]			
단계	그림책 수업 주제	내용	활동
독서 전	'실팽이'와 관련 경험 나누기	• 실팽이를 만들어 본 경험은? 다른 팽이에 대한 경험은? • 내가 한 놀이 중 가장 재미있었던 것은?	• 경험 나누기
독서 중	『윙윙 실팽이가 돌아가면』내용 파악하고 인상적인 부분 정리하기	• 등장 인물 들의 마음은? • 놀이터에서 놀 수 없게 된다면? • 교장 선생님은 어떤 분이신 것 같나요? • 우리 학교 교장 선생님과 함께 해보고 싶은 것은?	• 마인드맵으로 정리하기 – 등장인물 – 등장인물의 특징 – 사건
독서 후	1. 실팽이 만들기	• 두꺼운 도화지에 종이컵을 대고 큰 원을 그리고, 동전을 대고 작은 원을 그려 오리기 • 자기 나름대로 꾸미고 색칠하기	– 실팽이 만들기
	2. 실팽이 돌리기 대회	• 내가 만들 실팽이로 실팽이 돌리기 연습하기 • 손으로 돌리기, 발로 돌리기 대회하기	• 실팽이 돌리기 놀이하기 – 손으로 돌리기 – 발로 돌리기
	3. 실팽이 돌리기 놀이에 어울리는 노래는?	• 실팽이 돌리기 놀이하면서 든 생각이나 느낌 나누기 • 노래 가자 바꾸어 실팽이 돌리기 놀이에 어울리는 노래 만들기	• 실팽이 돌리기 놀이 주제가 만들기 – 노래 가사 바꾸기

걱정인형 만들기

『겁쟁이 빌리』

겁쟁이 빌리 표지
앤터니 브라운 글·그림, 김경미 옮김, 비룡소 발행(2006.08)

대다수의 부모들은 '애들이 무슨 걱정거리가 많겠어요? 입혀 주고, 재워 주고, 먹여 주고, 사 달라고 하는 것 사 주고, 엄마 아빠가 다 해 주는데'라고 생각하신다.

그러나 아이들의 성향에 따라 차이는 있지만 아이들도 걱정이 꽤 많다.

'부모님이 자꾸 싸우시다가 이혼하시면 어떡하지? 나 때문인가?'
'친구들이 나를 따돌리면 어떡하지?'
'선생님이 나를 싫어하시면 어떡하지?'
교우관계, 학교생활, 부모님과의 관계 등 다양한 걱정을 한다.
아이들은 책을 읽으면서 걱정을 어느 정도 해결할 수도 있다.
남에게 말하지 못했던 걱정인데 책 주인공이 내가 하고 있는 걱정을 대신 해 주고 그걸 해결해 나가는 것을 보면서 자신의 걱정도 해결되는 느낌을 받게 된다.
"오늘은 오이반 친구들에게 붙어 있는 걱정들을 좀 떼어 내 드릴게요. 짜잔, 앤서니 브라운 작가의 [겁쟁이 빌리] 그림책이에요."
"선생님, 표지 그림에 있는 아이가 빌리일 것 같은데 표정이 너무 좋은데요. 겁쟁이 같지 않아요."
"표지를 잘 관찰하셨네요. 왜 이렇게 표정이 좋을까요?"
"아~ 알 것 같아요. 걱정이 해결된 거죠?"
"오~ 시우 예리한데요."
시우가 우쭐한 표정으로 미소를 지었다. 시우의 기분이 좋아진 상태로 수업을 시작하면 시우도 수업에 잘 협조한다.
=="빌리는 걱정이 많은 아이였어요."==
==빌리는 온갖 것들이 걱정이 되었다. 아빠와 엄마가 도와주려고 애썼으나 여전히 걱정거리 투성이였다.==
"어! 표지에 있는 그림에도 저 옷에 저 신발에 저 포즈였는데…"
"그렇죠? 근데, 뭐가 다르죠? 자, 이제부터 다른 그림 찾기! 5개 찾아보세요."
"표지 그림의 눈은 웃는 눈인데, 이 그림은 우는 눈 같아요."

"표지 그림의 입 모양은 웃고 있는데, 이 그림은 곧 울 것 같은 모양이에요."

"표지 그림의 걸음 보폭이 이 그림의 보폭보다 커요."

"와! 우리 오이반은 다른 그림 찾기도 참 잘 하네요."

아이들에게 미소를 지어 보이고, 다시 그림책을 읽기 시작했다.

"정말 많은 것들을 걱정했지요. 모자 때문에 걱정하기도 하고, 신발을 두고도 걱정했어요. 구름마저도 걱정했답니다. 비도 역시 걱정거리였죠, 빌리는 글쎄 커다란 새 때문에 걱정하기도 했다니까요."

"빌리는 쓸데없이 걱정이 많은데요. 꼭 우리 누나 같아요. 크크"

이야기 흐름에 큰 지장이 없으면 아이들이 그때그때 떠오르는 생각을 자연스럽게 이야기하는 것은 그대로 수용하는 것이 좋다.

"계속 읽어 드릴게요. 어느 날 빌리는 할머니 댁에 갔는데 걱정이 많아 밤에 잠을 이룰 수가 없었지요."

할머니께서 잠들기 전, 걱정 인형들에게 걱정을 이야기하고 베개 밑에 넣어두면, 인형들이 대신 걱정을 해 줄거라고 말씀해 주셨다. 빌리는 걱정 인형들에게 온갖 걱정을 다 얘기하고 며칠 동안 곤히 잠 들수 있었다. 그러나 어느 날 밤에 또 걱정 인형들이 자꾸만 걱정이 되었다. 걱정 인형들을 위한 또 다른 걱정 인형들을 만들어 주고 나서야 걱정을 많이 하지 않게 되었다.

독서 후 활동 - 걱정인형 만들기

"이제 걱정 인형 만들거죠?"

"네. 어제 알림장에 써 준대로 플라스틱 병, 색종이, 가위, 풀, 스티로폼 볼, 네임펜을 준비 해 왔나요?"

"네, 준서가 플라스틱 병이 없다고 해서 제가 하나 줬어요. 전 2개 가지고 왔거든요."

"좋아요. 우리가 만들 걱정 인형은 걱정을 가지고 있는 것을 좋아하는 인형이에요. 그러니까 빌리처럼 걱정 인형을 걱정할 필요는 없어요. 걱정 인형을 만들 때 걱정을 담을 큰 주머니를 만들어도 좋고, 플라스틱 병에 넣을 수 있게 만들어도 좋아요. 각자 자기가 원하는 방법으로 걱정 인형을 만들어 봐요. 참, 플라스틱을 자를 때는 손 베일 위험이 있으니까 선생님께 도움을 요청해 주세요."

각자 준비해 온 준비물로 각자의 취향에 맞는 걱정 인형을 만들었다. 치마 입은 걱정 인형, 안경 쓴 걱정 인형, 체육복 입은 걱정 인형 등 다양하게 만들었다.

출처 : 네이버 지식백과

"선생님, 저는 주머니도 안 만들고 플라스틱도 안 잘라도 되요. 머리가 되는 스티로폼 볼을 한 쪽만 테이프로 붙였어요. 제가 걱정을 주면 머리를 살짝 들기만 하면 되요."

무엇이든 종알종알 선생님께 이야기하는 것을 좋아하는 윤서였다.

"와~ 좋은 생각이네요."

다른 아이들도 내가 생각한 것보다 더 창의적인 방법으로 걱정 인형을 만들었다.

"걱정 인형을 다 만들었으니까, 이제 걱정 인형에게 걱정을 선물 해 줄 차례네요. 각자 자기가 하고 있는 걱정을 종이에 적어 주세요. 다 적게 되면 잘 접어서 걱정 인형에게 넣어 주세요."

"걱정 인형에게 걱정을 선물 해 줬더니 기분이 너무 좋아요. 제 걱정도 없어진 것 같아요."

==누구에게도 말하지 못하고 혼자 심각하게 걱정하고 있던 것들도 말이나 글로 표현하고 나면 별 것 아닌 것으로 느껴질 수 있다.==

==[겁쟁이 빌리] 책을 보면서 각자 빌리가 되어 걱정을 내려놓는 방법을 배우고 걱정 인형을 만들었다. 그런 후 걱정을 종이에 적어 인형에게 선물해 줌으로써 걱정이 가벼워지는 경험을 했다.==

책에서 문제의 해결 방법을 찾은 이러한 경험이 다음에 다른 문제가 생겼을 때 해결 방법의 하나로 책을 찾아보게 할 수 있다.

[독서 지도안]

겁쟁이 빌리 [독서지도안]

단계	그림책 수업 주제	내용	활동
독서 전	표지 그림을 보고 드는 생각이나 느낌 나누기	• 표지 그림의 빌리는 어떻게 보이나요? • 표지 그림의 빌리의 표정은 어떤가요? • 빌리를 왜 겁쟁이라고 했을까요?	• 생각이나 느낌 나누기
독서 중	『겁쟁이 빌리』를 보고 인상적인 부분 정리하기	• 앞 부분에 나오는 빌리와 표지 그림의 빌리는 어떤 점이 다른가요? • 빌리는 어떤 아이인가요? • 빌리는 걱정 거리를 어떻게 해결했나요?	• 연꽃기법(만다라트)으로 내용 정리하기
독서 후	1. 나의 걱정? 나의 고민?	• 나의 걱정은 무엇인가요? • 요즘 나의 고민은 무엇인가요?	• 나의 뇌 구조 채우기 - 나의 걱정 - 나의 고민
	2. 내 걱정 좀 가져가줘!	• 나의 걱정이나 고민을 가져갈 걱정 인형을 만들어 봅시다. • 숟가락 인형, 나무 젓가락 인형, 휴지심 인형, 요구르트 인형 등 다양한 인형 중 내가 만들고 싶은 재료로 만들기	• 걱정 인형 만들기 - 나의 걱정을 써서 붙이기
	3. 나는 고민 해결사	• 학습지 중간에 나의 고민을 써 보세요. • 친구의 학습지에 적힌 고민을 보고 말주머니 중 하나에 고민 해결 방법을 써 주세요.	• 친구 고민 해결 방법 쓰기 - 친구 고민 읽기 - 내가 생각하는 해결 방법은?

상상놀이

『파란 의자』

파란 의자 표지
클로드 부종 글·그림, 최윤정 옮김, 비룡소 발행(2004.03)

"선생님, 저희 보세요. 지금 저희 뭐 하는 거게요?"
준호와 남자 아이 몇 명이 모여서 낄낄거리며 놀고 있다.
"뭘까?"
"저희 지금 도시어부 놀이하고 있는 거예요."

그러고 보니 낚시하는 모습인 것 같다. 몇 명은 줄넘기를 들고 의자 위에 서 있고, 몇 명은 그 줄을 잡고 있다. '도시어부'라는 TV프로를 따라하는 모양이다.

"오~ 그러고 보니 그러네."

아이들은 상상력이 풍부하고 참 창의적으로 논다.

"오늘은 여러분의 상상력을 맘껏 발휘할 수 있는 놀이를 할 거에요."

"오늘 읽어 줄 그림책은 [파란 의자]입니다. 제목과 표지를 보니 무슨 내용일 것 같아요?"

"혼자서 파란 의자를 차지하고 싶어서 어떻게 하면 혼자 가지고 놀까 생각하는 것 같아요."

"표지 그림 위에 파란색이 바다를 나타내는 것 같아요. 바닷가에 의자를 가지고 가서 쉬고 있는 것 같아요."

"그런가요. 그림책을 읽어주기 전에 작가에 대해 설명해 줄게요. 이 그림책을 쓴 작가는 클로드 부종이에요. 그림책 작가 중에는 글만 쓰는 작가도 있고, 글도 쓰고 그림도 그리는 작가도 있어요. [파란 의자]은 클로드 부종이 글도 쓰고 그림도 그렸어요. 클로드 부종의 책은 주로 동물들이 많이 등장한다고 해요. 오늘 읽어 줄 그림책의 표지에도 동물들이 보이죠? 이 동물들이 어떤 이야기를 펼쳐 나갈지 잘 들어보세요."

[파란 의자] 그림책은 에스카르빌과 샤부도가 사막을 걷고 있다가 파란 의자를 발견하게 되고, 그 파란 의자로 상상놀이를 하는 이야기다. 파란 의자는 썰매, 자동차, 비행기, 책상, 계산대 등이 된다. 파란 의자를 가지고 서커스 놀이를 하고 있는데, 낙타가 오면서 상상놀이는 중

==단되게 되고 이야기는 끝이 난다.==

"에스카르빌과 샤부도는 어린이이고, 낙타는 어른인 것 같아요. 어른들도 쓸데없는 생각하지 말라고 하잖아요."

"사막에 파란 의자가 있다는 것도 신기해요."

"에스카르빌과 샤부도는 생각이 잘 통하는 친구인 것 같아요."

"선생님, 아까 쉬는 시간에 저희도 의자로 도시어부 놀이 했잖아요. 그것도 상상놀이인 것이죠?"

온유가 자랑스럽게 이야기한다.

"맞아요. 그것도 상상놀이에요. 우리도 모둠별로 의자로 상상놀이를 해 볼게요. 모둠 친구들의 상상력을 모아서 멋진 놀이를 만들어 보세요. 다 만든 다음에 모둠별로 발표해 보도록 할게요."

독서 후 활동 - 상상놀이

아이들은 모둠별로 의자를 두고 다양한 상상놀이를 했다. 의자를 한 줄로 모아 놓고 기차놀이를 하는 모둠, 눈썰매 타는 놀이를 하는 모둠, 화장실 변기라고 하면서 재미있어하는 모둠, 의자는 컴퓨터고 지금 PC방에 와 있다고 하는 모둠, 영화관이라고 하는 모둠 등 모둠별로 즐겁게 상상놀이를 했다.

요즘 아이들은 컴퓨터나 스마트폰을 가지고 노는 시간이 많다. 그러나 그런 정보통신기기가 없을 때는 각종 놀이를 만들어서 논다. 아이들이 가지고 있던 상상력과 창의력이 나오게 되는 것이다.

그림책은 아이들에게 상상력의 원천이 되고, 상상력의 질을 높여주는 매체이다. 상상력은 머릿속에서 이미지를 만들어내는 힘이다. 아동도서 전문가인 마쓰이 다다시는 '독서력은 얼마나 좋은 그림책을 접하느냐, 그래서 풍부한 상상력을 키우느냐에 의해 결정된다'고 했다.

상상력이 풍부한 아이들은 이미지를 그리면서 듣기 때문에 집중력이 뛰어나다. 또한 일의 원인과 결과를 이미지로 그려 보면서 해결책을 찾기 때문에 문제해결력도 뛰어나게 된다.

상상놀이 상황 설정

- 하늘에서 눈이 아니고 설탕이 내린다면
- 시간이 거꾸로 간다면
- TV를 종이처럼 접어서 가지고 다닌다면
- 투명 망토가 있다면
- 강아지와 대화할 수 있는 번역기가 있다면
- 메면 하늘을 날을 수 있는 백팩

[독서 지도안]

파란 의자 [독서지도안]			
단계	그림책 수업 주제	내용	활동
독서 전	책 제목과 표지를 보고 내용 짐작하기	• 책 제목과 표지를 보니 어떤 내용인 것 같나요? • '파란 의자'가 이야기에서 어떻게 나올 것 같나요?	• 책 내용 짐작하기
독서 중	짐작했던 내용이랑 비교하며『파란 의자』를 보고 인상적인 부분 정리하기	• 에스카르빌과 샤부도가 파란 의자로 어떤 상상 놀이를 했나요? • 내 주변에 낙타와 비슷한 사람은?	• 상황극 해 보기 – 에스카르빌과 샤부도처럼 해 보기
독서 후	1. 아이스크림 막대로 파란 의자 만들기	• 그림책에 나오는 파란 의자를 만들어 봅시다. • 만든 의자를 가지고 친구들과 놀기	– 파란 의자 만들기
	2. 교실 의자는 무엇으로 변신될까?	• 교실 의자를 가지고 상상놀이를 해 봅시다. • 모둠 친구들과 함께 상상놀이를 해봅시다.	• 상상놀이 하기 – 모둠 친구들과 놀이하기 – 교실 의자로 상상놀이 하기
	3. 쉽게 구할 수 있는 재료로 놀잇감 만들기	• 쉽게 구할 수 있는 다양한 재료로 모둠 친구들과 놀잇감을 만들어 봅시다. • 만든 놀잇감으로 모둠 친구들과 함께 놀이 해 봅시다.	• 놀잇감 만들기 – 친구들과 함께 놀잇감 가지고 놀기

알뜰시장 놀이

『빨간 줄무늬 바지』

빨간 줄무늬 바지 표지
채인선 글, 이진아 그림, 보림 발행(2007.02)

 우리 반 교실 뒤쪽에는 분실함이 놓여져 있다. 분실함의 이름은 '주인님, 저를 데려가 주세요.'다.
 분실함에는 물건을 주웠지만 이름이 써져 있지 않아서 주인을 찾아 줄 수 없는 물건들이 들어가 있다. 잃어버린 물건이 있으면 분실함에서 찾아가라고 만들어 놓은 것이다.
 분실함에 물건들이 꽤 많이 쌓여 있다. 연필, 지우개, 풀, 자, 가위 등 대부분이 아이들이 쓰는 문구류들이다.

가끔 아이들에게 물건을 하나하나 보여주면서 주인이 누구인지 물어본다. 너무 안 찾아가서 그렇게라도 하는 것이다. 그러면 몇 명의 아이들이 물건을 찾아간다. 그래도 남는 물건들이 꽤 많다. 문구류들이 넘쳐나다 보니까 잃어버리고 찾지 않아도 별로 불편함을 느끼지 않기 때문이다. 많이 가지고 있더라도 자기 물건을 소중히 여기고 아껴 쓰는 마음을 가지게 하고 싶다. 그래서 준비한 책이 [빨간 줄무늬 바지] 그림책이다.

"오이반 여러분, 나에게 소중한 물건은 무엇인가요?"
"스마트폰이요."
"축구공이요."
"제가 매일 안고 자는 토끼인형이요."
대부분의 아이들이 스마트폰이라고 대답했지만, 몇 명은 자기가 오래 정을 준 물건들을 말했다.
"소중한 물건들은 어떻게 다루나요?"
"잃어버리지 않게 잘 챙겨요."
"오래 오래 간직하고 있어요."
"그렇군요. 혹시, 아끼던 옷이 작아지거나 아끼던 물건이 이제 필요 없어지면 어떻게 하나요?"
"아끼던 물건이 필요 없어지면 아깝지만 그냥 버리기도 해요. 며칠 전에 엄마가 대청소 하시면서 제가 어렸을 때 가지고 놀던 장난감들을 많이 버리셨어요. 아깝지만 어쩔 수 없다고 하시면서요."
"오늘은 소중한 옷과 관련된 그림책을 읽어 줄게요. 바로 이 그림책이에요. 제목과 표지를 봐 주세요."

"빨간 줄무늬 바지만 칼라이고, 다른 옷들은 흑백이네요."

"크크 바지가 꼭 내복 같아요. 우리 동생도 저런 줄무늬 내복 있거든요."

수경이가 말했다.

"내복으로 보일 수도 있겠네요."

"선생님, 빨간 줄무늬 바지만 왜 칼라인지 알 것 같아요. 그 바지가 가장 소중하기 때문이에요."

"야, 노란 양말도 칼라야. 그럼 그것도 소중한 거네."

"그럴 수도 있지. 빨간 줄무늬 바지랑 같이 신는 소중한 양말!"

소정이와 희진이가 또 티격태격한다.

"빨간 줄무늬 바지랑 노란 양말 모두 소중한 물건인지 아닌지는 그림책을 보면 알 수 있죠. 지금 바로 읽어 줄게요."

[빨간 줄무늬 바지] 그림책은 빨간 줄무늬 바지를 계속 물려 입게 된다는 내용이다. 빨간 줄무늬 바지는 해빈이 엄마가 동대문 시장에서 샀다.

그 바지에 토끼 인형을 달아 7살 김해빈이 처음으로 입게 된다. 해빈이에게 작아지자 빨간 줄무늬 바지에 딸기 단추를 새로 달아 김해수가 입게 되고, 해수에게 작아지자 축구공 모양의 천을 덧대 김형민이 물려 입게 된다.

 형민이에게 작아지자 다 해진 바지 밑단을 조금 잘라내고 허리에 멜빵을 달아 이종익한테 갔다.

 종익이한테 작아지자 슬아의 발레복으로 변신한다. 마지막엔 해빈이의 딸 봄이의 토끼 인형 옷이 된다.

"와~ 빨간 줄무늬 바지 한 개가 몇 사람한테 간 거예요? 6명이나! 그럴 수가 있나요?"

"가능하죠. 여러분도 옷을 물려받아 입어 본 적이 있나요?"

"전 둘째라서 맨날 물려 입어서 불만이에요. 새 옷보다는 물려 입는 옷이 더 많은 것 같아요."

"선생님도 어렸을 때 사촌 언니 옷을 많이 물려 입었어요. 심지어 오빠 옷을 물려 입은 적도 있었어요. 나한테 작아진 옷이지만 아직도 깨끗하다면 누군가에게 물려주면 좋죠. 왜 좋을까요?"

"돈을 아낄 수 있어요."

"그냥 버리면 쓰레기가 되요. 그래서 환경도 보호할 수 있어요."

"그렇죠. 옷도 그렇지만 내가 쓰던 모자, 신발, 장난감, 인형, 액세서리 등 깨끗하지만 쓸모가 없어진 물건도 누군가에겐 필요한 물건이 될 수 있어요. 그런 물건들을 모아 놓고 알뜰시장 놀이를 해 볼까요?"

아이들은 이미 알뜰시장 놀이가 어떤 것인지 알고 있어서 더욱 좋아했다.

"오늘이 월요일이니까…깨끗하지만 나한테 쓸모없어진 물건을 목요일까지 가지고 오세요. 내 물건의 가격을 100원에서 1000원 사이로 생각해서 오세요. 너무 값비싼 물건은 가져 오지 마시구요. 판매금은 기부를 했으면 하는데 여러분 생각은 어떤가요?"

"음~좋아요. 어차피 나한테 필요 없는 물건을 판 돈이니까. 그 돈으로 기부하면 좋죠."

독서 후 활동 - 알뜰시장 놀이

장난감 가게, 옷가게, 신발 및 가방 가게, 장난감 및 액서사리 가게 등 가게 팻말도 만들어야 했고, 물건에 가격표도 붙여야 했다. 판매금을 넣을 통도 만들어야 했다.

판매자 역할을 하는 사람이 있어야 해서 지원자를 받았다.

판매자는 아이들의 동의를 구해 미리 사고 싶은 물건을 샀다. 단, 3

개까지만 살 수 있었다. 지원자 중에는 동호와 준서도 있었다. 드디어 알뜰시장 놀이가 시작 되었다.

"옷 사세요. 멋지고 예쁜 옷이 많습니다. 옷 사세요"

동호가 큰 소리로 말했다. 다른 판매자들도 따라서 호객행위를 했다. 갑자기 교실이 시끌벅적한 시장으로 바뀌었다. 3~4개의 물건을 제외한 모든 물건이 다 팔렸다. 마지막에 남은 물건은 가격을 낮춰서 모두 판매했다.

"알뜰시장 놀이를 해 보니까 어땠어요?"

"나한테 쓸모없어진 물건인데, 친구들이 좋아하면서 사 가서 기분이 좋았어요."

"제가 갖고 싶은 물건이 있어서 너무 좋았어요."

무조건 새 것만이 좋은 것이 아니라 추억이 담긴 물건이 더 소중할 수 있다는 것을 [빨간 줄무늬 바지]에서 배울 수 있다.

나한테 필요 없어진 물건이 그 누군가에겐 꼭 필요한 물건이 될 수 있고, 이러한 물건이 기부로 이어질 수 있다는 것을 배울 수 있다.

아이가 직접 판매할 물건을 정하고 가격도 정해서 판매해 보면, 물건을 더 아껴서 쓰게 되고 경제교육에도 도움이 된다.

[독서 지도안]

빨간 줄무늬 바지 [독서지도안]			
단계	그림책 수업 주제	내용	활동
독서 전	책 제목과 표지를 보고 드는 생각이나 느낌 나누기	• 나에게 소중한 물건은? • 표지의 빨간 줄무늬 바지는 어떻게 쓰일까요?	• 생각이나 느낌 나누기
독서 중	『빨간 줄무늬 바지』를 보고 인상적인 부분 정리하기	• 빨간 줄무늬 바지는 어떻게 변신했나요? • 옷을 물려 입은 경험은? • 내 옷을 물려 준 경험은?	• 경험 나누기 – 옷을 물려 입었을 때 – 옷을 물려 주었을 때
독서 후	1. 나만의 옷 만들기	• 내가 입고 싶은 옷은? • 내가 입고 싶은 옷을 디자인 해 봅시다.	• 나만의 옷 디자인하기
	2. 필요한 가게 팻말은?	• 알뜰 시장 놀이에 필요한 가게 팻말을 만들어 봅시다. • 어떤 팻말이 필요할까요?	• 가게 팻말 만들기 – 옷 가게, 장난감 가게, 학용품 가게, 액세서리 가게 등
	3. 나에겐 쓸모 없지만 다른 사람들에게 필요할 수도 있는 물건은?	• 판매 할 물건은? • 판매 할 물건의 가격 정하기 • 판매금은 어떻게 사용할 것인가?	• 알뜰시장 놀이하기

실뜨기

『이상한 할머니』

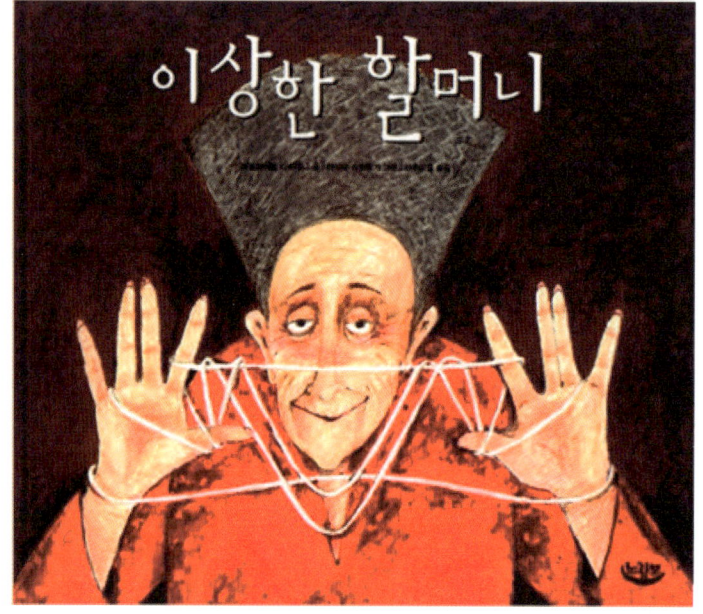

이상한 할머니 표지
아델하이트 다히메네 글, 하이데 슈퇴링거 그림,
선우미정 옮김, 느림보 발행(2006.11)

밖에서 놀고 싶은데 미세먼지 때문에 밖에 나가 놀지 못하는 아이들. 이런 아이들을 보고 있는 나도 기분이 좋지 않다. 그래서 실내에서 재미있게 놀 수 있는 방법을 가르쳐 주고싶었다. 밖에 나가지 못하는 아쉬움을 조금이라도 달래 줄 수 있는 실내 놀이. 그 중에 실만 있으면 언제 어디서든 할 수 있는 놀이를 알려 주려고 한다.

"오늘 읽어 줄 그림책은 [이상한 할머니]예요. 표지를 봐 주세요."

"윽~ 할머니가 마귀 할멈처럼 생겼어요."

그림책 표지를 보자마자 소정이가 큰 소리로 말했다.

"털실을 가지고 다른 사람을 골탕 먹일 것 같아요. 할머니 표정이 음흉 해 보여요."

"할머니 머리가 너무 웃기게 생겼어요."

"제목이 '이상한 할머니'이니까 할머니가 이상하게 나올 것 같아요."

"어떻게 이상하게 나올 것 같나요?"

"털실은 원래 뜨개질 할 때 쓰는 거잖아요. 근데, 이상한 할머니는 털실로 이상한 것을 할 것 같아요."

"여러분은 털실로 뭘 해 봤나요?"

"털실로 실뜨기를 해 봤어요."

"과연 이 그림책에서 할머니는 어떻게 나오고, 털실은 어떤 역할을 할 것인지 잘 들어보세요."

[이상한 할머니] 그림책에는 실뜨기를 통해 나이 든 할머니와 어린 소녀의 우정을 그린 놀라운 이야기가 담겨 있다. 남과 소통하지 못하고 외로움을 타는 소녀에게 어느 날 할머니가 모습을 나타낸다.

할머니는 털실의 양쪽을 묶어 실뜨기를 시작한다. 실뜨기를 하면서 자연스럽게 대화를 이끌어 내고, 소녀는 점차 타인에게 마음의 문을 열게 된다. 한 가닥의 털실은 아름다운 모양뿐 아니라, 두 세대 간의 자연스러운 대화를 이끌어 낸다.

목요일 오후, 문이 빼꼼이 열리고 이상한 할머니가 들어왔다. 할머니가 소파 귀퉁이에 걸터앉아 이상한 말만 하다가 주머니에서 털실

한 가닥을 꺼냈다. 할머니는 양쪽 끝이 이어진 털실을 양쪽 손목에 감았다. 그러고는 집게손가락으로 손목에 감은 털실 양쪽을 쭉 끌어당겼다.

"이걸로 뭔가 재밌는 걸 만들어 보겠니?"

나는 털실의 엇갈리는 부분을 잡고 털실을 아래에서 위로 떠 올렸다.

"걸렸다, 걸렸어."

"내가 풀어 주지 않으면 넌 계속 털실을 손에 걸고 있어야 해."

할머니와 나는 번갈아 가며 실뜨기를 했다. 다음 주 목요일에 할머니를 다시 만나 깜짝 놀라게 해 주려고 나는 새롭고 이상한 모양들을 자꾸 만들어 보았다.

"이상한 할머니는 어떤 분인 것 같나요?"

"이상한 머리 모양에 빨간 손톱. 괴상하게 생겼지만 마음은 착하신 것 같아요."

"이 할머니는 다른 사람들에게는 안 보일 것 같아요. 소녀에게만 보이는 이상한 할머니일 것 같아요."

"아까 찬우가 실뜨기를 해 봤다고 했는데, 다른 사람들도 실뜨기를 해 봤나요?"

해 본 친구와 안 해 본 친구의 비율이 반반 정도 되는 것 같다.

"실뜨기는 우리 나라 사람만 하는 줄 알았어요. 이 책은 외국 작가가 썼다고 하셨는데, 외국에도 이런 놀이를 하나봐요."

"선생님도 그 부분이 참 신기했어요. 이 책의 작가는 오스트리아 사람이니까 오스트리아에서도 실뜨기 놀이를 하나봐요."

독서 후 활동 - 실뜨기

 아이들에게 끝이 묶인 털실을 나눠 주었다. 일단, 혼자서 자기가 만들고 싶은 모양을 만들어 보라고 했다. 다양한 모양이 나왔지만, 실이 엉켜서 풀지 못하는 친구도 있었다.
 실이 엉킨 아이에게는 여분의 털실을 주었다. 그런 다음 실뜨기를 해 본 친구와 실뜨기를 한 번도 해 보지 않은 친구를 짝으로 지어주었다. 실뜨기를 해 본 친구가 안 해 본 친구를 리드해서 실뜨기를 해보게 했다. 나는 도움이 필요한 친구를 도와 주었다.
 하늘이도 짝이랑 열심히 실뜨기를 하고 있다.
"하늘아, 실뜨기 해 보니까 어때?"
"음…생각보다 재미있네요."
"그렇지? 집에 가서 동생이랑도 한 번 해 봐."
"네~"
"조금 전에 여러분이 한 실뜨기는 친구와 사이좋게 주고받는 실뜨기 놀이였어요. 이번엔 실뜨기 마술을 가르쳐 줄게요."
 스르륵 실이 풀리는 마술, 실이 저절로 이동하는 마술, 팔에 감긴 실을 푸는 마술 등을 알려 주었다.
"오늘 배운 마술을 가족들 앞에서 해 보는 건 어떨까요?"
"가족들이 엄청 신기해 할 것 같아요."
"전 연습을 좀 더 하고 내일 보여 드릴래요."
"그래요. 연습이 필요한 사람은 연습을 충분히 한 다음에 보여 줘도 좋아요. 하다가 잘 안 되면 선생님이나 친구들에게 물어 보세요."

신선한 공기를 마시고 햇볕을 쬐며 밖에서 뛰어노는 것은 중요하다. 피부에 햇볕이나 바람 등의 자극을 주면 기분이 좋아지고 뇌가 즐거워하게 된다.

그러나 실내에서의 놀이는 더 제한적일 수 밖에 없다. 또한 아이들의 바깥놀이는 몸의 균형과 조절능력을 키워준다.

그러나 안타깝게도 요즘 아이들은 밖에서 뛰어 놀 기회가 별로 없다. 미세먼지로 인해 밖에서 놀 수가 없기 때문이다.

그래서 아쉬운대로 실내에서 놀 수 있는 놀이를 통해 아이들의 놀이 본능을 깨워주고 싶었다. 밖에서 노는 것이 더 좋지만, 실내놀이의 장점도 많다.

미세먼지에 안전하고, 실내 놀이를 통해서도 창의력, 의사소통능력, 비판적 사고력, 협업능력 등이 발달한다. 친구들과 협의하여 규칙을 정하고 차례대로 놀이를 하다가 다툼이 생겼을 때 화해하고 용서하는 과정에서 사회성과 소통, 공감능력도 배우게 된다.

[독서 지도안]

이상한 할머니 [독서지도안]

단계	그림책 수업 주제	내용	활동
독서 전	책 제목과 앞 표지를 보고 드는 느낌이나 궁금한 점은?	• 앞 표지의 할머니가 어떻게 보이나요? • '이상한 할머니'는 어떤 할머니일 것 같나요? • 실로 무엇을 해 보았나요?	• 실로 할 수 있는 거 말하기
독서 중	『이상한 할머니』를 보고 인상적인 부분 정리하기	• 이상한 할머니는 어떤 분이였나요? • 소녀는 어떤 아이였나요? • 실뜨기를 해 보았나요? • 다른 사람들과 소통을 잘 못 하는 사람을 어떻게 도와 줄 수 있을까요?	• 연꽃기법(만다라트)으로 내용 정리하기
독서 후	1. 실로 하는 물감 놀이	• 실에 물감을 묻혀 도화지 위에 놓기 • 여러 색의 실을 올려 놓기 • 반으로 접은 후 실을 한 개씩 빼기	– 실을 이용한 데칼코마니
	2. 친구와 사이좋게 주고 받는 실뜨기 놀이	• 짝과 함께 번갈아 가며 실뜨기 놀이를 해 봅시다. • 모둠의 다른 친구와 실뜨기 놀이를 해 봅시다.	– 친구와 실뜨기 놀이하기
	3. 신기한 실뜨기 마술	• 스르륵 실이 풀리는 마술, 실이 저절로 이동하는 마술 등을 선생님께 배워 봅시다. • 혼자서 연습 해 봅시다. • 가족들 앞에서 해 봅시다.	• 실뜨기 마술 놀이하기

# 에필로그_독서교육은 마법이다

　2001년 3월 경기도 동두천에서 교직 생활을 시작했다. 첫해에 맡은 학년은 1학년이었다. 우리 반 여자 아이 중 하얀 피부에 키도 크고 예쁜 아이가 있었다. 그러나 그 아이는 늘 힘이 없고, 뭘 하든 의욕이 없어 보였다. 웃는 것도 거의 볼 수가 없었다.
　우연히 그 이유를 알게 되었다. 학원 및 학습지를 7~8개를 하느라 지쳐 있었던 것이었다. 겨우 초등학교 1학년인데 벌써 공부에 지쳐가는 모습이 너무나 안타까웠다.
　그래서 학교 공부에 재미를 느끼고, 배움의 즐거움을 느낄 수 있는 방법을 고민하게 되었다. 독서교육을 중요하게 생각하게 된 것은 이 때부터였다.

　이제 겨우 이유식을 시작한 아이에게 단백질이 풍부하고 성장기 아이가 먹으면 좋다고 소고기를 구워 먹이면 아이는 소화를 못 시키고 탈이 난다.
　마찬가지로 이제 막 한글을 뗀 아이에게 영어, 한자 등을 배우면 좋다고 공부를 시키면 아이는 공부에 대한 거부감만 커지게 된다. 아이가 배움에 대한 즐거움을 느낄 기회를 너무 빨리 뺏게 된다.
　한글을 떼기 전부터 책을 꾸준히 읽어주면서 새로운 것을 알아가는 재미를 느끼게 해 주어야 한다. 독서교육으로 배움을 위한 기초체력을 길러 주어야 한다.

　독서는 모든 공부의 기초다. 독서를 통해 어휘력, 이해력, 상상력, 창의력, 문제해결력, 비판적 사고력 등 공부의 기초가 되는 능력들을 신장시킬 수 있다. 단, 독서를 무작정 강요해서는 안 된다. 오히려 역효과만 날 수 있다. 놀이처럼 독서도 즐길 수 있게 해 주어야 한다.

　아이들에게 가장 좋은 독서법은 아이들 스스로 흥미를 느끼는 책을 읽게 하는 것이다.

　어렸을 때의 독서는 책 읽는 재미를 느끼는 것만으로도 충분하다. 더 중요한 것은 독서를 생활 습관으로 만들고, 읽은 것을 활용하여 스스로 생각하는 습관을 들이는 것이다. 재미만 붙이게 되면 독서 습관을 만들기는 어렵지 않다.

　아기들은 책을 읽어주면 집중해서 잘 듣는다. 읽어주는 부모가 목이 아플 정도로 계속 읽어주기를 바란다. 읽어주는 이야기가 재미있고, 이야기를 들으면서 이미지를 떠올리며 자유롭게 상상을 할 수 있고, 궁금한 것은 바로 질문해서 해결할 수 있기 때문이다.

　무엇보다 부모님의 정감 있는 목소리를 들으며 부모님과 가까이 앉아 눈을 마주치며 이야기를 주고받을 수 있어서 좋다. 그러면서 듣기에 대한 집중력이 높아지고, 상상력, 어휘력, 사고력도 좋아진다.

　일반적으로 아이가 한글을 떼면 책을 읽어주지 않고, 아이 스스로 읽으라고 한다.

　한글을 읽을 수 있어서 혼자 글자를 읽을 수는 있겠지만, 혼자 읽으면 이해도가 떨어져 부모님이 읽어주는 이야기를 들을 때처럼 재미있지가 않다. 그러면서 책과 멀어지는 아이가 생기기도 한다.

교실에서도 책을 읽어주면 아이들이 참 잘 듣는다. 혼자서 책을 거의 읽지 않는 아이들도 선생님이 읽어주는 책은 재미있어 한다. 그래서 교실에서 그림책을 많이 읽어준다.

책을 거부했던 대호가 그림책 읽어 주는 시간을 기다리고, 자신에게 재미있었던 그림책을 동생에게 읽어주고, 사랑 표현에 서툴렀던 아이가 감동적인 상장을 만들고, 적절한 근거를 들어가며 자신의 생각을 표현할 줄 알고, 다른 사람의 감정에 공감할 수 있게 되는 등 1년 동안의 변화라고 하기엔 놀라울 정도의 변화를 보였다.

또한 가족, 친구, 선생님과의 관계도 많이 좋아졌다. 가족과의 대화가 부족하여 소통이 잘 안 되었던 대호가 그림책을 통해 대화를 하고, 함께 즐거운 활동을 하면서 가족과 행복한 시간을 많이 갖게 되었다.

친구들의 의견을 경청하기보다는 자신의 주장을 우기기에 급급했던 대호가 친구들의 생각을 듣고 의견을 조율해가는 아이로 변했다.

수업 시간에 장난이 심하고 주의가 산만하여 선생님께 지적을 많이 받았던 아이가 그림책을 통해 집중력이 향상되고 감추어져 있던 상상력과 창의력이 발휘되면서 선생님의 긍정적인 피드백을 많이 받게 되었다.

이러한 변화는 정도의 차이는 있지만 다른 아이들에게서도 관찰되었다.

아이들은 어른보다 흡수력과 변화의 속도가 빠르다. 1년 동안 그림책을 꾸준히 읽어주고, 다양한 활동을 하면서 아이들은 변한다. 변화의 정도가 큰 아이도 있고, 작은 아이도 있지만 변하지 않은 아이는 거의 없었다.

이렇게 그림책을 통한 독서교육은 마법을 부린 것처럼 아이들을 변화시켰다. 아이들뿐만 아니라 부모까지도 변화되었다.

학년 초 학부모 상담을 오신 대호 엄마는 못 미더워 하셨다. 그런 대호 엄마도 대호가 변화하는 모습을 보면서 서서히 변화되었고, 선생님께 감사함을 표현하며 그림책을 통한 독서교육의 마법을 인정하시게 되었다.

독서교육은 마법이다.

억지로 가르치지 않아도 생각이 자라고, 어휘력, 상상력, 창의력, 문제해결력이 좋아진다. 또한 의사소통 능력과 공감 능력이 좋아져서 대인관계도 좋아진다.

독서교육을 통해 책을 평생 친구로 선물해 준다면 놀라운 마법의 효과들은 계속 일어나게 될 것이다.

이 책을 통해 책에 대한 재미를 느끼게 된 아이들에게 아이들의 삶과 관련이 있는 동화나 문학책을 읽히면 좋다. 자신의 삶과 관련이 있기 때문에 동화나 문학책에 나온 이야기에 쉽게 공감하게 되고 재미를 느끼게 된다.

그러면서 점점 글이 많은 책을 읽을 수 있게 되고, 더 나아가 인문학 책도 어렵지 않게 읽을 수 있게 된다.

책을 많이 읽는 것도 중요하지만 더 중요한 것은 읽고 나서 자신의 생각을 상대방이 이해할 수 있을 정도로 표현하는 것이다. 읽기만 하고 말이나 글로 표현해 보지 않으면 자신의 것으로 만들기 어렵고 저자의 생각을 그냥 따라가게 된다.

읽기와 듣기로 입력이 되었다면, 말하기와 쓰기로 출력이 되어야 한다. 책을 읽고 말하고, 생각을 글을 쓰면서 출력을 해야 자신만의 생각을 가질 수 있다. 하루가 다르게 변화하는 이 시대에 더 필요한 능력은 창의적으로 의사결정을 할 수 있는 능력이고, 이 능력은 자신의 생각을 계속 꺼내면서 키워질 수 있다.

독서교육의 마법은 말하기와 쓰기를 병행했을 때 더 크게 나타날 수 있다.

말하기와 쓰기도 타고 나는 것이 아니라 교육을 통해 키워질 수 있다. 이론만 읽고 피아노를 잘 칠 수 없고, 자꾸 쳐 봐야 실력이 늘 듯이 말하기와 쓰기도 자꾸 해 봐야 는다.

교과서나 저자의 생각을 넘어 자신의 생각을 펼칠 수 있는 기회를 많이 주어야 한다. 자신의 생각을 자유롭게 글이나 말로 표현할 수 있도록 해야 한다. 생각을 말로 표현할 수 있으면, 글로 표현하는 것은 그리 어렵지 않다. 처음엔 어렵지만 조금만 연습하면 익숙해지고 자연스럽게 쓸 수 있게 된다.

그래서 독서를 시작했다면 글쓰기도 함께 해야 한다. 그것이 진짜 마법의 균형이다. 읽기와 쓰기가 자유로워지면 그 다음엔 상상하는 그 무슨 일이든 이뤄낼 수 있다.